CUENTOS PARA
T O D O S

TALES FOR EVERYBODY

by

Maricarmen Ohara, Ph.D.

Illustrations by

Ruben D. Acevedo

ALEGRIA HISPANA PUBLICATIONS

Agradecimientos/Acknowledgements

Many special thanks to the following dear friends who have given me precious help, love and encouragement:

-To Susan Martz and Susan Gorenfeld for their
    valuable editing skills.
-To Ann Hooper and Jeffrey Leonard.
-To Ada and Gary Feldman.
-To Janet and Dugan Essick.
-To my mother and sister.
-To Rubén Darío Acevedo.

And, last, but not least, to my dear friends
Donald and Jo Heath.

Copyright © 1990 by Maricarmen Ohara

All rights reserved. No part of this book may be reproduced or transmitted in any form or by any means, electronic or mechanical, including photocopying, recording or any information storage and retrieval system, without permission in writing from the author and the publisher.

Library of Congress Cataloging in Publication Data

LC No. 90-82370

ISBN - 0944356-20-6

Alegría Hispana Publications
P.O. Box 3765, Ventura CA 93006
805/642-3969

Printed in the United States of America

PREFACE

A long time ago, a good teacher asked this question:

"What is the thing that brings people together fastest? Let's suppose that you are in a foreign country and you don't speak the language. You find yourself among a group of perfect strangers. One of them practices the same religion you do; another dresses in a style similar to yours; another one seems to have as much -or as little- money as you do; and, finally, another speaks the same language you do. Is it wrong to assume that you would feel closer to the last person than to the others?"

That teacher was right. Language can bring people together faster than anything else. It can increase understanding of a foreign society and enrich our lives in many ways. Learning languages is important!

For years I have been trying to find a tool that would help me teach my native language, Spanish, more effectively. Convinced that incorporating reading and conversation from Day One of instruction is an important key to learning, I have been doing exactly that, with excellent results. Consequently, this bilingual book is an attempt to help others learn Spanish and/or English by reinforcing language patterns, developing a large and practical vocabulary, and, at the same time, teaching a little about language and cultural values. Good luck!

3

INDICE / INDEX

EL Y ELLA

Angel y Nilda son dos estudiantes tímidos. Están en la cafetería

Angel -¿Qué tal Nilda?

Nilda -Pues, bien, gracias... ¿y usted?

Angel -Uuhm... bien, gracias. Hace frío ¿no?

Nilda -Sí, hace un poco de frío...

Angel -Sí, hace frío y está nublado...

Nilda -Sí, está nublado... pero no llueve todavía.

Angel -No, no llueve todavía... ¿le gusta la lluvia?

Nilda -Sí... no... un poco ¿y a usted?

Angel -También un poco. Me gusta más la nieve.

Nilda -¿La nieve? ¿Esquía usted?

Angel -Sí.. no... Sí, un poco ¿y usted?

Nilda -También esquío un poco.

Angel -¡Oh! ¿Qué lee?

Nilda -Una crítica sobre una película española.

Angel -¿Le gusta a usted el cine?

Nilda. -Sí, mucho, especialmente el cine extranjero.

Angel -A mí también.

Nilda	-¡Qué extraordinario!
Angel	-¿Va usted al cine esta noche?
Nilda	-Pues, no sé.
Angel	-Yo tampoco.
Nilda	-¿No? Oh, son las 9:30. Tengo clase de español. Adiós Angel.
Angel	-Hasta luego Nilda
	(súbitamente Angel dice:) -Nilda, Nilda.
Nilda	-¿Sí Angel?
Angel	-¿Le gustaría ir al cine conmigo esta noche?
Nilda	-Sí, me gustaría muchísimo.
Angel	-¿Paso por usted a las ocho?
Nilda	-Sí, hasta las ocho Angel.

Vocabulario / Vocabulary

Sustantivos/Nouns
la cafetería-cafeteria
la crítica - review
la ñieve - snow

el cine - cinema
el/la estudiante-student
la película - film, movie

Adjetivos/Adjectives
bueno/a - good
extranjero/a - foreign
nublado/a - cloudy

española - Spanish
frío/a - cold
tímido/a - shy

Adverbios/ Adverbs
bien - well, fine
muchísimo - a great deal

mucho - much, a lot

Verbos/Verbs
dice (decir) s/he says
están (estar) they are at
lee (leer) s/he reads

esquía (esquiar) s/he skies
gusta (gustar) - like
va (ir) s/he goes

Otras expresiones/Other expressions
adiós - goodbye
esta noche - tonight
gracias - thanks
hasta - until
¿le gustaría ir...?- would
   you like to go?
pues - ummm, well...
sobre - about
también - also
todavía - yet, still

conmigo - with me
está nublado - it's cloudy
hace frío - it's cold
hasta luego - see you later
llueve - it's raining
no sé - I don't know
¿Qué tal? - how are you?
súbitamente - suddenly
tampoco - either
un poco - a little, a bit

HE AND SHE

Angelo and Nilda are two shy students. They are at the cafeteria.

Angelo   "How are you Nilda?"

Nilda   "Hmm... Fine, thanks. And you?"

Angelo   "Hmm... Well, I'm O.K., thank you... It's cold, isn't it?"

Nilda   "Yes, it's a bit cold..."

Angelo   "Yes, it's cold and cloudy..."

Nilda   "Yes. It's cloudy, but it's not raining, yet."

Angelo   "No, it's not raining yet. Do you like rain?"

Nilda   "Yes... No... A little... How about you?"

Angelo   "A little bit, too. I prefer snow."

Nilda   "Snow? Do you ski?"

Angelo   "Yes... No... Yes, a little. How about you?"

Nilda   "I also ski a little."

Angelo   "Oh! What are you reading?"

Nilda   "A review of a Spanish movie.

Angelo   "Oh. Do you like movies?"

Nilda   "Yes, a lot. Especially foreign movies."

Angelo   "Me, too."

Nilda	"How extraordinary!"
Angelo	"Are you going to the movies tonight?"
Nilda	"Well, I don't know."
Angelo	"Me, neither."
Nilda	"No? Oh, it's 9:30. I have a Spanish class. Good bye, Angelo."
Angelo	"Good bye, Nilda. *(Suddenly he says:)* -Nilda, Nilda."
Nilda	"Yes, Angelo?"
Angelo	"Would you like to go to the movies with me tonight?"
Nilda	"Yes, I would like that very much."
Angelo	"Shall I pick you up at eight?"
Nilda	"Yes. See you at eight, Angelo."

Vocabulary/Vocabulario

Nouns/Sustantivos
cafeteria - la cafetería
rain - la lluvia
review - crítica

movie - la película
snow - la nieve
student - el/la estudiante

Adjectives/Adjetivos
cold - frío/a
foreign - extranjero/a

cloudy - nublado
shy - tímido/a

Verbs/Verbos
are - (to be) son
are you going? -va?
prefer - prefiero,
  me gusta más
ski (to ski) - esquía, esquíar

are at (to be) - están en
like (to like) - gustar
reading (to read) lee
says (to say) dice

Other Expressions/Otras expresiones
a bit - un poco
fine - muy bien
how are you? - ¿Qué tal?
it's cloudy - está nublado
it's raining - llueve; está
  lloviendo
see you at... - hasta las...
thanks, thank you - gracias
too - también
would you like to go? -¿ le
  gustaría ir?

a little - un poco
good bye - adiós, hasta luego
how about you? - ¿y usted?
it's cold - hace frío
I don't know - no sé
me either - yo tampoco
suddenly - súbitamente
tonight - esta noche
well - bien
yet - todavía
to pick up, stop by - pasar por

UNA SIMPLE HISTORIA

La historia de la señorita Dorita Martínez es muy simple. Es de Quito, Ecuador; estudia arte y música en la Universidad Nacional de Ecuador y tiene veinte años. Es muy pobre en dinero pero muy rica en sueños.

Dorita vive en una vieja casa de apartamentos. Tiene un cuarto pequeño con dos sillas, una cama y una ventana muy pequeña. Dorita estudia duro, come poco y sueña mucho.

Frecuentemente mira las estrellas con Marta, otra señorita estudiante. Dorita dice:

-Esa es mi estrella favorita. Se llama Federico García Lorca.

-Esa estrella no se llama Federico García Lorca -dice Marta-. Se llama Gama.

Dorita no dice nada.

Pasan varios días. Dorita está muy triste. No tiene dinero; no tiene comida, solamente pan y agua. Esa noche Dorita habla a su estrella favorita:

-Adiós Federico. Estoy muy mal y tú estás muy lejos.

Por la mañana Dorita está en el hospital público porque está muy enferma. Hay un médico joven y bueno en el hospital. El tiene mucho interés en ella. El médico se llama Federico García Lorca.

Vocabulario/Vocabulary

Sustantivos/Nouns

el agua - water
la cama - bed
la comida - food
el dinero - money
la historia - story, history
el pan - bread
la silla - chair
la ventana - window

el año - year
la casa - house
el cuarto - room
la estrella - star
la noche - night
la señorita - Miss
el /los sueño/s- dream/s

Adjetivos/Adjectives

duro/a - hard
enferma/o - sick, ill
pequeño/a - small
rica/o - rich
simple - simple

esa - that (femenine)
joven - young
pobre - poor
triste - sad
vieja - old

Verbos/Verbs

come (comer) - s/he eats
es de - is from
estudia (estudiar) s/he studies
mira (mirar) looks
sueña (soñar) s/he dreams

dice (decir) s/he says
estoy (estar) I am
habla (hablar) s/he speaks
tiene (tener) s/he has
tiene (tener) - is, has

Otras expresiones/Other expressions

ella es de - she is from
hay - there is, there are
poco/a - a little
mucho/a - much, a lot
nada - nothing
porque - because
se llama - it's called

frecuentemente - frequently
lejos - far away
mal - unwell, bad
muy - very
por la mañana - in the
    morning
solamente - only

A SIMPLE STORY

Miss Dorothy Martin's story is very simple. She is from Quito, Ecuador; she is twenty years old, and studies art and music at the National University of Ecuador. She is very poor but has many dreams.

Dorothy lives in an old apartment house. She has a small room with two chairs, a bed and a small window. Dorothy studies hard, eats little, and dreams a lot.

Frequently she looks at the stars with Martha, another student. Dorothy says:

"That one is my favorite star. Its name is Federico García Lorca."

"That star is not called Federico Garcia Lorca," says Martha. "Its name is 'Gama'."

Dorothy does not say anything.

A few days pass. Dorothy is very sad. She has no money; she has no food, only bread and water. That night Dorothy says to her favorite star:

-Farewell, Federico. I am not well, and you are too far away.

In the morning Dorothy is at the public hospital because she is very sick. There is a good young doctor at the hospital. He is very interested in Dorothy. The doctor's name is Federico García Lorca.

Vocabulary/Vocabulario

Nouns/Sustantivos

bed - cama
chair - silla
food - comida
Miss - señorita
night - noche
star - estrella
water - agua

bread - pan
dream/s - sueño/s
house - casa
money - dinero
sick - enferma/o
story - historia
window - ventana

Adjectives/Adjectivos

old - viejo/a
rich - rico/a
small - pequeño/a
young - joven

poor - pobre
sad - triste
that one - esa, ese

Verbos/Verbs

dreams (to dream) sueña
has (to have) tiene
looks at (to loook at) mira
studies (to study) estudia

eats (to eat) come
lives (to live) vive
says (to say) dice

Other expressions/Otras expresiones

a lot - mucho
anything - nada
farewell - adiós
in the morning - por la mañana
it's name is - se llama
she is 20 years old - tiene 20 años

another - otra/o
because - porque
frequently - frecuentemente
it's called - se llama
she is from - ella es de

EL DESAYUNO DEL SR. GRINGO

El Sr. John Gringo está de vacaciones en un pequeño pueblo campestre de Argentina. Habla un poco de español, pero su vocabulario es realmente muy pequeño. Son las ocho de la mañana y tiene hambre. Entra en el único restaurante del pueblo y se sienta cerca de la ventana. Habla con la mesera.

-¿Cómo se llama ese animal?

-Ese animal es un buey.

-¿Y cómo se llama la esposa del buey?

-Se llama vaca.

-¿Y cómo se llama la hija de la vaca?

-Se llama ternera.

-¿Y qué bebe la ternera?

-La ternera bebe leche.

-¡Ah! Por favor, un vaso de leche. Un momento señorita. ¿Cómo se llama ese animal que canta kikiriki?

-Se llama gallo, y su esposa se llama gallina y los hijos se llaman pollitos y ya sé. Ud. quiere huevos ¿verdad?

-¡Oh sí, señorita! Dos por favor. Ud. es muy inteligente.

-Gracias señor. Ud. es muy amable. Pero dígame ¿por qué no compra un diccionario?

Vocabulario/Vocabulary

Nouns/Sustantivos

calf - ternera
chick - pollito
children - hijos, niños
egg - huevo
glass - vaso
husband - esposo
rooster - gallo
town - pueblo

cow - vaca
chicken - gallina
daughter - hija
English - inglés
milk - leche
ox - buey
son - hijo
wife - esposa

Adjectives/Adjetivos

country - campestre
limited - limitado, pequeño
smart - inteligente

kind - amable
small - pequeño/a

Verbs/Verbos

buy - compra
sings (to sing) canta

drinks (to drink) bebe
speaks (to speak) habla

Other expressions/Otras expresiones

a little bit - un poquito
I already know - ya sé
in the morning - de la mañana
just a minute - un momento
really - realmente
tell me - dígame
you would like - Ud. quiere

but - pero
it's called - se llama
is vacationing - de vacaciones
please - por favor
right? - ¿verdad? ¿no?
what do you call? - ¿cómo
se llama?

MR. TURISTA'S BREAKFAST

Mr. Jose Turista is vacationing in a small country town in Wisconsin. He speaks a little English, but his vocabulary is really limited. It's eight o'clock in the morning and he is hungry. He walks into the only restaurant in town, and he sits close to a window. He speaks with the waitress.

"What do you call that animal?"

"That animal is an ox."

"And what do you call the ox's wife?"

"It's called a cow."

"And what is a cow's daughter called?"

"It's called a calf."

"And what does a calf drink?"

"A calf drinks milk."

"Ah! Please, a glass of milk. Just a moment, Miss. What do you call the animal that sings 'cock-a-doodle-doo'?"

"It's called a rooster. And its wife is called a chicken. And their children are called chicks. I already know. You would like eggs, right?"

"Yes, Miss! Two, please. You are very smart."

"Thank you, sir. You are very kind. But tell me, why don't you buy a dictionary?"

Vocabulario/Vocabulary

Sustantivos/Nouns

el buey - ox
el español - Spanish language
la gallina - hen, chicken
la hija - daughter
el huevo - eggs
la mesera - waitress
el pueblo - town
la ternera - calf
el vaso - glass

el desayuno - breakfast
el/la esposoa - husband/wife
el gallo - rooster
el hijo - son
la leche - milk
el pollito - chick
el señor - Mr., sir
la vaca - cow

Adjetivos/Adjectives

amable - kind
ese - that (masculine)
único/a - only

campestre - country
pequeño/a - small

Verbos/Verbs

bebe (beber) s/he drinks
compra (comprar) s/he buys
entra (entrar) s/he enters
se sienta (sentarse) s/he sits down

canta (cantar) s/he sings
dígame (command decir) tell me
quiere (querer) s/he wants

Otras expresiones/Other expressions

cerca - close
de la mañana - in the morning
pero - but
¿por qué? - why?
tiene hambre - s/he is hungry
un poco - a little
ya sé - I already know
gringo - American or European
  man, generally blond and blue-eyed

¿cómo se llama? - what's
  your name?
por favor - please
realmente - really
un momento - one moment
¿verdad? - right?
de vacaciones - on vacation

PEPITO PALOTES

Pepito Palotes es un niño muy inteligente pero terrible. Un domingo por la mañana Pepito pasea por la plaza de la ciudad con su mamá y papá. Dos señoras amigas de sus padres los saludan y dicen:

Sra. Matilde: -¿Este es su niño?

Sra. Palotes: -Sí Sra. Matilde. Este es nuestro hijo Pepito.

Sra. Rosa: -¡Dios mío! Se parece muchísimo a ustedes dos.

Sra. Matilde: -Es verdad. Tiene los ojos de su papá.

Sr. Palotes: -¿Mis ojos?

Sra. Rosa: -¡Es verdad! Y tiene la boca de su mamá.

Sra. Palotes: -¿Mi boca?

Sra. Matilde: -Y las orejas de su papá.

Sr. Palotes: -¿Mis orejas?

Sra. Rosa: -Sí. Y la frente de su mamá.

Sra. Palotes: -¿Mi frente?

Sra. Matilde: -Sí. Y el mismo color de pelo de su papá.

Pepito: -Sí, y también tengo la camisa de mi hermano Pablito, los pantalones de mi primo Carlitos y los zapatos de mi segundo primo Ramoncito.

Vocabulario/Vocabulary

Suntantivos/Nouns

la amiga - friend
la camisa - shirt
el domingo - On Sunday
el hermano - brother
la mamá - mother
los ojos - eyes
los pantalones - pants
el pelo - hair
el primo - cousin
los zapatos - shoes

la boca - mouth
la ciudad - city
la frente - forehead
el hijo - son
el niño - kid, child
las orejas - ears
el papá - father
la plaza - public square
la señora (Sra.) - Mrs.

Adjetivos/Adjectives

este - this one (masculine)
nuestro - our
su - your

mi/mis - my
segundo - second

Verbos/Verbs

tiene (tener) - s/he has
pasea (pasear) s/he takes a walk

Otras expresiones/Other expressions

¡Dios mío! - goodness!
es verdad - it's true
muchísimo - a lot
también - also

el mismo color - the same
  color
se parece - he looks like

24

LITTLE JOE STICKS

Little Joe Sticks is a very smart kid, but he is also a menace. One Sunday morning he is taking a walk with his mother and father in the city square. Two ladies, friends of his parents, greet them, and say:

Mrs. Mason	"Is this your child?"
Mrs. Sticks	"Yes, Mrs. Mason,. This is our son, Little Joe."
Mrs. Jones	"Goodness! He looks so much like the two of you."
Mrs. Mason	"It's true. He has his father's eyes."
Mr. Sticks	"My eyes?"
Mrs. Jones	"It's true. And he has his mother's mouth."
Mrs. Sticks	"My mouth?"
Mrs. Mason	"And his father's ears."
Mr. Sticks	"My ears?"
Mrs. Jones	"Yes. And his mother's forehead."
Mrs. Sticks	"My forehead?"
Mrs. Mason	"Yes. And the same color hair as his father."
Little Joe	"Yes. And I also have my brother Paul's shirt, my cousin Carl's pants, and my second cousin Ray's shoes."

Vocabulary/Vocabulario

Nouns/Sustantivos

brother - hermano
ear - oreja
father - papá
friend - amigo/a
kid - niño, chico
mother - mamá
Mrs. - señora, Sra.
shirt - camisa
Sunday - domingo

cousin - primo
eye- ojo
forehead - frente
hair - pelo, cabello
lady, ladies - señora/s
mouth - boca
pants - pantalones
shoes - zapatos

Adjectives/Adjetivos

his - su
menace - terrible
my - mi, mis
our - nuestro/a
smart - inteligente

Verbs/Verbos

greet - saludar, saludan
say - decir, dicen
to look like - parecerse

Other expressions/Otras expresiones

also - también
so much - a lot
the same color - el mismo
    color

goodness! - ¡Dios mío!
taking a walk - pasear

LA DIETA DE OLGA

Olga es muy comilona. Come mucho y sube de peso frecuentemente. Ahora está a dieta porque desea perder veinte libras en una semana. Ella dice:

-Hoy no como nada, nada.

En el desayuno, Olga toma una taza de café y no come nada de pan.

A las diez de la mañana Olga toma un vaso de agua y nada más.

Al mediodía toma tres vasos de agua. Decide no comer ni un sandwich de jamón y queso ni tomar sopa.

A las tres de la tarde toma dos vasos de agua y nada más.

En la cena toma un vaso de agua y una ensalada de lechuga y tomates.

A las ocho de la noche Olga está muerta de hambre. Come cinco panes con mantequilla, queso y jamón. Luego come un bistec con papas fritas y helado de vainilla.

A las nueve come helado de chocolate con torta de limón.

A las diez come helado de fresas con torta de crema.

Al día siguiente Olga se pesa y dice alarmada:

-¡Dios mío! ¿qué pasa? Hoy peso cinco libras más que ayer. ¡Qué horror!

Vocabulario/Vocabulary

Nouns/Sustantivos
butter - mantequilla
coffee - café
cup - taza
diet - dieta
ham - jamón
lemon - limón
pound - libra
soup - sopa
steak - bistec
tomato - tomate
week - semana

cake - torta, queque
cream - crema
cheese - queso
french fries - papas fritas
ice cream - helado
lettuce - lechuga
slice (of bread)- tajadas de
   pan (or simply: panes)
strawberry - fresa
vanilla - vainilla

Adjectives/Adjetivos
big eater - comilón/a

flabbergasted - alarmado/a

Verbs/Verbos
decides - decide
drinks (to drink) toma, bebe
gains (to gain) - gana, sube

desires (to desire) desea
eats (to eat) - come
to lose - perder

Other expressions/Otras expresiones
at noon - al mediodía
in the morning - de la mañana
now - ahora
to gain weight - subir de peso

because - porque
next day - al día siguiente
to be on a diet - estar a dieta
today - hoy/ hoy día

OLGA'S DIET

Olga is a big eater. She eats a lot and gains weight frequently. Now she is on a diet because she wishes to lose twenty pounds in one week. She says:

"Today I will eat nothing, nothing."

For breakfast, Olga has a cup of coffee and does not eat any bread.

At ten in the morning Olga drinks a glass of water and nothing else.

At noon she drinks three glasses of water. She decides not to eat a ham and cheese sandwich or any soup.

At three in the afternoon she drinks two glasses of water and has nothing else.

For dinner she drinks a glass of water, and eats a lettuce and tomato salad.

By eight in the evening, Olga is starving to death. She eats five slices of bread with butter, cheese and ham. Then she has a steak with french fries plus vanilla ice cream.

At nine she eats chocolate ice cream with lemon cake.

At ten she eats strawberry ice cream with cream torte.

The next day Olga weighs herself. She is flabbergasted.

"Goodness! What happened? Today I weigh five pounds more than yesterday. How terrible!"

Vocabulario/Vocabulary

Sustantivos/Nouns

el bistec - steak
la cena - dinner
la dieta - diet
la fresa - strawberry
el jamón - ham
la libra - pound
el hambre - hunger
el mediodía - noon
el queso - cheese
la semana - week
la tarde - afternoon
el tomate - tomato
la vainilla - vanilla

el café - coffee
la crema - cream
la ensalada - salad
el helado - ice cream
la lechuga - lettuce
el limón - lemon
la mantequilla - butter
la noche - night
la papa - potato
la sopa - soup
la taza - cup
la torta - cake

Adjetivos/Adjectives

alarmada - flabbergasted
frita /o- fried

comilón/a - big eater

Verbos/Verbs

come (comer) s/he eats
desea (desear) s/he desires
peso - (pesar) I weigh
toma (tomar) s/he drinks

decide (decidir) decides
perder - to lose
se pesa (pesarse) weighs
  herself

Otras expresiones/Other expressions

ahora - now
estar a dieta - to be on a diet
hoy - today
más que - more than
ni... ni... - neither... nor
¿qué pasa? - what's this?

ayer - yesterday
estar muerta/o de hambre -
  starving
nada más - nothing else
¡qué horror! - how terrible!
subir de peso (also: ganar
  peso) - to gain weight

EL SR. LENTAMENTE LENTO

El Sr. Lentamente Lento es una tortuga simpática. Está casado con la Sra. Menos Lentamente Lenta, una chica tortuga muy bonita. Un día en diciembre la Sra. Lento dice a su esposo:

-Necesitamos azúcar para hacer nuestras galletas de Navidad.

El Sr. Lento va al mercado. Regresa tres meses después.

-¡Qué barbaridad! -dice la Sra. Lento-. Sin galletas de Navidad. ¡Eres demasiado lento!

El Sr. Lento se pone nervioso y derrama el azúcar que trae en la espalda. El azúcar está por todo el suelo. Muy enojado, dice a su esposa:

-¡Ahí lo tienes! Tú siempre estás apurándome demasiado. ¿No sabes que

'El apuro causa apuros?'

33

Vocabulario/Vocabulary

Sustantivos/Nouns

el azúcar - sugar
el día - day
la espalda - back
el mercado - market
la Navidad - Christmas
la tortuga - turtle

la chica - girl
diciembre - December
la galleta - cooky
el mes - month
el suelo - floor

Adjetivos/Adjectives

bonito/a - pretty
lento/a - slow

enojado/a - angry, mad
simpático/a - nice

Verbos/Verbs

apurando (apurar) - rushing
eres (ser) you are
necesitamos (necesitar) we
   need

derrama (derramar) spills
hacer - to make, do
regresa (regresar) s/he returns
trae (traer) - s/he brings

Otras expresiones/Other expressions

¡Ahí lo tienes! - there you go!
casado con - married to
después - afterwards, later
menos - minus
para - to, for
¡Qué barbaridad! - How awful!
sin - without

apuros - troubles
demasiado - too
lentamente - slowly
¿no sabes ? - don't you know?
   por todo - all over
se pone nervioso/a - becomes
   nervous

MR. SLOWLY SLOW

Mr. Slowly Slow is a nice turtle. He is married to Mrs. Slightly Slowly Slow, a very pretty girl turtle.

At the beginning of December Mrs. Slow tells her husband:

"We need sugar to bake our Christmas cookies."

Mr. Slow goes to market. He returns three months later.

"This is terrible!" -says Mrs. Slow-. "No Christmas cookies! You are too slow!"

Mr. Slow gets nervous, and he drops the sugar that he is carrying on his back. The sugar is all over the floor. He says to his wife, angrily:

"There you are! You are always rushing me so much! Don't you know that

Haste makes waste?"

Vocabulary/Vocabulario

Nouns/Sustantivos
back - espalda
Christmas - Navidad
December - diciembre
girl - chica
market - mercado
sugar - azúcar

cookie- galleta
day - dia
floor - suelo, piso
haste - apuro
month - mes
turtle - tortuga

Adjectives/Adjetivos
nice - simpático/a
pretty - bonita
slow - lento

Verbs/Verbos
angrily - enojado
goes (to go) va
need, we - necesitamos

drops - derrama
to make - hacer
rushing - apurando

Other expressions/Otras expresiones
always - siempre
gets nervous - se pone nervioso
minus - menos
There you are! - ¡Ahí lo tienes!
too much - demasiado

afterwards - después
is married - está casado
slowly - lentamente
This is terrible! - ¡Qué
    barbaridad!

EL PRINCIPE ESTUDIANTE

El príncipe Adolfito el Pequeño tiene ocho años y no sabe leer ni escribir. Es muy burro. Su papá, el rey Adolfo el Grande y su mamá, la reina Arnulfa la Buena están preocupados.

En un cuarto muy bonito organizan una clase exclusivamente para el príncipe. Hay ventanas grandes, plantas exóticas y muchas flores bonitas. Además, hay una pizarra verde, tres borradores azules y varias tizas blancas. El príncipe tiene un libro blanco, un cuaderno rojo, lápices amarillos y azules, una goma de borrar rosada, una regla café, un bolígrafo de ónix negro y una pluma de oro. El escritorio del príncipe es de oro y marfil; la silla es también de oro y marfil. ¡Todo es muy elegante y hermoso!

El rey contrata un maestro excelente. Es el profesor Horacio Sabelotodo. Tiene sesenta años; su pelo y su barba son blancos. El maestro trabaja mucho con el príncipe, pero Adolfito no aprende nada. Su papá le pregunta:

-¿Por qué no estudias, hijo mío?

-No me gusta el profesor. Es muy viejo.

El rey contrata otro maestro muy bueno. Es el profesor Heriberto Enseñatodo. Tiene treinta años; su pelo es negro y no tiene barba. No es guapo pero es muy inteligente y trabaja mucho con el príncipe, pero Adolfito no aprende nada. Su papá le pregunta:

-¿Por qué no estudias, hijo mío?

-No me gusta el profesor. Es muy feo.

El rey contrata una maestra muy famosa. Es la profesora Herminia Comprendetodo. Tiene veinticinco años; es rubia y muy bonita. Además es muy inteligente y trabaja mucho con el príncipe, pero Adolfito no aprende nada. El mira a la maestra completamente fascinado y no escucha ni comprende nada. Su papá le pregunta:

-¿Por qué no estudias, hijo mío?

-¡No estudio porque me gusta mucho la profesora!

¡Pobre príncipe Adolfito! Ahora él se llama Adolfito el Burro.

Vocabulario/Vocabulary

Sustantivos/Nouns

la barba - beard
el borrador - eraser
el cuaderno - notebook
la flor - flower
el lápiz - pencil
el/la maestro/a - teacher
la planta - plant
el príncipe - prince
la regla - ruler
el rey - king

el bolígrafo - ballpoint pen
el burro - donkey (dumb)
el escritorio - desk
la goma de borrar - eraser
el libro - book
la pizarra - blackboard
la pluma - pen
el/la profesor/a - teacher
la reina - queen
la tiza - chalk

Adjetivos/Adjectives

amarillo - yellow
blanco - white
fascinado/a - fascinated
grande - big
hermoso - beautiful
negro - black
oro - gold
rojo - red
rubio/a - blond/e

azul - blue
café - brown
feo/a - ugly
guapo - handsome
marfil - ivory
ónix - onyx
preocupado/a - worried
rosa, rosada - pink
verde - green

Verbos/Verbs

aprende (aprender) learns
contrata /s/he hires
escribir - to write
estudias (estudiar) you study
pregunta (preguntar) s/he asks
sabe (saber) s/he knows

comprende (comprender)
  - s/he understands
escucha (escuchar) listens
leer - to read
trabaja (trabajar)s/he works

Otras expresiones/Other expressions

además - besides
me gusta - I like
todo - everything

completamente - completely
no me gusta - I don't like

40

THE STUDENT PRINCE

Little Prince Adolph the Small is eight years old, and he does not know how to read or to write. He is quite dumb. His father, King Adolph the Big, and his mother, Queen Arnulfa the Good, are worried.

In a very pretty room they set up a classroom for the prince's exclusive use. There are large windows, exotic plants, and many pretty flowers. Besides, there is a green blackboard, three blue erasers and several pieces of white chalk. The prince has a white book, a red notebook, yellow and blue pencils, a pink eraser, a brown ruler, a ball-point pen made of black onyx and a pen made of gold. The prince's desk is made of gold and ivory; his chair is also made of gold and ivory. Everything is quite elegant and beautiful!

The king hires an excellent teacher. He is Professor Horace Knowsitall. He is sixty years old; his hair and beard are white. The teacher works hard with the prince, but Little Adolph does not learn anything. His father asks him:

"Why don't you study, my son?"

"I don't like the teacher. He is too old."

The king hires another very good teacher. He is Professor Herbert Teachesitall. He is thirty years old; he has black hair and no beard. He is not handsome, but he is very smart and he works hard with the prince, but Little Adolph does not learn anything. His father asks him:

"Why don't you study, my son?"

"I don't like the teacher. He is too ugly."

The king hires a very famous teacher. She is Professor Hermine Understandsitall. She is twenty-five years old; she is blonde and very pretty. Besides, she is quite intelligent, and she also works hard with the prince, but Little Adolph does not learn anything. He looks at his teacher, completely fascinated, and does not listen or understand anything. His father asks him:

"Why don't you study, my son?"

"I don't study because I like the teacher too much!"

Poor Little Prince Adolph! Now he is called Little Adolph the Dumb.

Vocabulary/Vocabulario

Nouns/Sustantivos
ballpoint pen - bolígrafo
blackboard - pizarra
book - libro
desk - escritorio
flower - flor
notebook - cuaderno
pen - pluma
prince - príncipe
ruler - regla

beard - barba
blond/e - rubio/a
chalk - tiza
eraser - borrador
king - rey
queen - reina
pencil - lápiz
professor - profesor/a

Adjectives/Adjetivos
beautiful - hermoso/a
blue - azul
gold - oro
handsome - guapo
ivory - marfil
pink - rosa, rosado
ugly - feo/a
yellow - amarillo

black - negro
dumb - tonto, burro
green - verde
large - big
onyx - ónix
red - rojo
white - blanco

Verbs/Verbos
hires (hire) s/he contrata
to read - leer
works (to work) trabaja

to know - saber
to write - escribir

Other expressions/Otras expresiones
besides - además
everything - todo
quite - muy

44

UN HOMBRE Y UNA MUJER

Vocabulario/Vocabulary

Sustantivos/Nouns

el cabello - hair
la cena - dinner
el condominio - condo
el inglés - English
la hora - hour
el jueves - Thursday
el miércoles - Wednesday
el norte - north
la oficina - office
la primavera - spring
la secretaria - secretary
el sur - south
el verano - summer

la calle - street
la compañía - company
el ingeniero - engineer
el invierno - winter
el hombre - man
el martes - Tuesday
la mujer - woman
el novio - boyfriend
el plato - plate, dish
el sábado - Saturday
la semana - week
el teléfono - phone
la vida - life

Adjetivos/Adjectives

alta/o - tall
baja/o (bajita/o) - short
divorciada/o - divorced
feliz - happy
morena/o - brunette
rápida - fast, quick
varios/as - several

atractiva/o - attractive
delgada/o -slim
fácil - easy
gorda/o - fat
oscura/o - dark
soltera/o - single

Verbos/Verbs

almuerza (almorzar) s/he
    eats lunch
dormir - to sleep
llama (llamar) s/he calls
regresa (regresar) returns
viaja (viajar) s/he travels

compra (comprar) s/he buys
es de - you, s/he is from
lava (lavar) s/he washes
prepara (preparar) prepares
vive (vivir) s/he lives

Otras expresiones/Other expressions

a veces - sometimes
correctamente - correctly
de ocho a cinco - from 8 to 5
durante - during
finalmente - finally
los fines de semana - weekends
en casa - at home
¡quién sabe! - who knows!
sola/o - alone
toda la noche - all night long

bastante - quite
de lunes a viernes - from
    Monday to Friday
el día siguiente - next day
le gustan - she likes, enjoys
luego - then
por muchos años - for many
    years
todos los días- every day

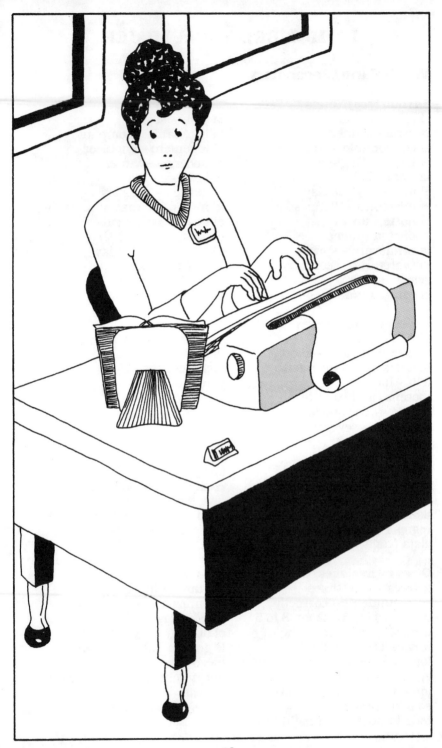

UN HOMBRE Y UNA MUJER

Gloria Buendía es de Panamá pero vive en los Estados Unidos por varios años. Habla inglés correctamente. Es secretaria para una compañía de importaciones.

Gloria es una chica bastante atractiva. Es alta, delgada y morena. Sus ojos son café oscuro y su cabello es negro. Es una mujer muy sentimental, generosa y bastante emocional, pero también es muy tímida. Es soltera; no tiene novio, pero tiene dos buenas amigas.

La familia de Gloria está en Panamá. Ella vive sola en un apartamento en la calle Paseo No. 44 en San Diego, una ciudad que está en el sur de California.

Todos los días Gloria trabaja de ocho a cinco. Almuerza a la una de la tarde. Regresa a su apartamento a las seis. Prepara una cena fácil y rápida a las siete. Luego lava los platos y mira la televisión por dos o tres horas. Le gustan las películas románticas. A veces llama por teléfono a sus amigas María y Susana. Finalmente, a las diez y media de la noche se va a la cama.

La vida de Gloria es muy simple: de lunes a viernes está en la oficina; sábado y domingo está en casa. En el verano, por dos semanas, está en Panamá. ¿Es feliz? Pues, ¡quién sabe!

Julián Malanoche es de México. Vive en Estados Unidos por muchos años. Su familia está en Guadalajara, México. Julián es bajito y un poco gordo. Es rubio y tiene ojos verdes. Es práctico, religioso y muy realista. Es divorciado y no tiene hijos. Vive solo en un condominio en la calle Alameda No. 158 en San José, una ciudad que está en el norte de California.

Julián es ingeniero y trabaja para una compañía muy importante. Viaja muchísimo. Los lunes generalmente está en San Francisco; los martes está en Sacramento; los miércoles está en Salinas; los jueves está en San Luis Obispo y los viernes está en Los Angeles.

En la primavera viaja a Colorado y Arizona; en el verano viaja a Florida; en el otoño viaja a Nevada y Nuevo México y en el invierno está en California. También viaja a México por dos semanas para pasar Navidad con su familia en Guadalajara.

Julián trabaja mucho durante el día y por la noche se va a su hotel. Prepara los documentos para el día siguiente y luego, a dormir. Los fines de semana está en San José, en su condominio. Compra una pizza grande, toma Coca Cola y mira televisión toda la noche. ¿Es feliz Julián? ¡Quién sabe!

A MAN AND A WOMAN

Gloria Goodday is from Panama, but she has been living in the United States for several years. She speaks English correctly. She is a secretary for an import company.

Gloria is a fairly attractive young woman. She is a tall, slim brunette. Her eyes are dark brown and her hair is black. She is a very sentimental woman, generous and quite emotional but she is also quite shy. She is single; she does not have a boy friend; however, she has two very good girlfriends.

Gloria's family is in Panama. She lives alone in an apartment on 44 Paseo St., in San Diego, a city in southern California.

Every day Gloria works from eight to five. She has lunch at one o'clock in the afternoon. She returns to her apartment at six. She prepares an easy and fast dinner at seven. Then she does the dishes and watches television for two or three hours. She likes romantic films. Sometimes she phones her friends, Mary and Susan. Finally, at ten-thirty in the evening, she goes to bed.

Gloria's life is very simple: from Monday to Friday she is at the office; on Saturdays and Sundays she is at home, and in the summer, for two weeks, she is in Panama. Is she happy? Who knows?

Julian Badnight is from Mexico. He has been living in the United States for many years. His family is in Guadalajara, Mexico. Julian is short and somewhat heavy. He is blond, with green eyes. He is practical, religious, and quite a realist. He is divorced and has no children. He lives alone in a condo on 158 Alameda St., in San Jose, a city in northern California.

Julian is an engineer, and he works for a very important company. He travels a lot. On Mondays he is generally in San Francisco; Tuesdays, he is in Sacramento; Wednesdays, he is in Salinas; Thursdays, he is in San Luis Obispo, and on Fridays he is in Los Angeles.

In the spring he travels to Colorado and Arizona; in the summer he travels to Florida; in the autumn he goes to Nevada and to New Mexico and in the winter he is in California. He also goes to Mexico for two weeks to spend Christmas with his family in Guadalajara.

Julian works hard during the day, and in the evening he goes to his hotel. He prepares the documents for the next day and then he goes to sleep. On weekends he is in San Jose, in his condo. He buys a large pizza, drinks Coca Cola and watches television all night. Is he happy? Who knows?

Vocabulary Vocabulario

Nouns/Sustantivos

boyfriend - novio
condo - condominio
dish - plato
hair - cabello
life - vida
north - norte
Saturday- sábado
south - sur
street - calle
telephone - teléfono
Thursday - jueves
week - semana
winter - invierno

company - compañía
dinner - cena
engineer - ingeniero
hour - hora
man - hombre
office - oficina
secretary - secretaria
spring - primavera
summer - verano
Tuesday - martes
Wednesday - miércoles
woman - mujer

Adjectives/Adjetivos

attractive - atractiva/o
divorced - divorciado/a
easy - fácil
fat - gorda/o
several - varias/os
single - soltera/o
tall - alta/o

brunette - morena/o
dark - oscura/o
fast - rápida/o
happy - feliz
short - bajo/a (bajita/o)
slim - delgada/o

Verbs/Verbos

buys (to buy) compra
eats (to eat) come
is from - es de
returns - regresa
travels - viaja

calls (to call) llama
lives - vive
prepares - prepara
to sleep - dormir
washes (to wash) lava

Other expressions/Otras expresiones

alone - sola/o
at home - en casa
during - durante
finally - finalmente
from Monday to Friday - de
    lunes a viernes
next day - al día siguiente
sometimes - a veces
weekends - los fines de semana

all night long - toda la noche
correctly - correctamente
every day - todos los días
for many years - por muchos años
from eight to five - de 8 a 5
(s/he) likes - le gustan
quite - bastante
then - luego
who knows? - ¡quién sabe!

EL VIEJO CAMPESINO

Un viejo campesino regresa a su pobre cabaña. Está muy triste porque no tiene nada en su saquito. El saquito está vacío.

Camina muy triste y lentamente. Llora porque su vida es muy dura. Súbitamente, en medio del bosque, una hermosa muchacha le habla:

-Viejo campesino. Yo escucho tus penas. ¿Deseas tener oro?

-¡Oh, sí hermosa niña! Mi familia no tiene ni comida ni ropa. ¡Sufrimos mucho!

La hermosa muchacha toca el saquito que al instante se llena de oro puro. El viejo campesino está muy contento. Dice:

-¡Mil gracias señorita! Con este oro voy a comprar pantalones, camisas, cinturones, botas y ropa interior para mis seis muchachos. Voy a comprar vestidos bonitos, faldas, blusas y sandalias para mis cinco hijas; voy a comprar dos vestidos elegantes, zapatos, un delantal y camisones para mi esposa. Para mí, un traje, sombrero y zapatos para los domingos. También quiero comprar una casa. ¿Será suficiente este oro? Señorita, por favor, espere un momento. Corro a mi cabaña porque allí tengo un saquito más grande que éste.

Cuando el viejo regresa, la hermosa muchacha ya no está allí y el saquito del campesino está en el suelo, vacío. ¡Cómo llora el viejo campesino!

Vocabulario/Vocabulary

Sustantivos/Noun
la blusa - blouse
el bosque - forest
la camisa - shirt
el campesino - peasant
la comida - food
la muchacha - young woman
los pantalones - pants
la ropa interior - underwear
el saquito - little bag
el suelo - ground
el vestido - dress
los zapatos - shoes

la bota - boot
la cabaña - hut
el camisón - nightshirt
el cinturón - belt
el delantal - apron
el muchacho - young man
la pena - trouble, pain
las sandalias - sandals
el sombrero - hat
el traje - suit
la vida - life

Adjetivos/Adjectives
dura - harsh
vacío - empty
viejo - old

Verbos/Verbs
camina (caminar) walks
espere (esperar) wait
llora (llorar) cries
regresa (regresar) returns
toca (tocar) touches

corro (correr) I run
(se) llena (llenarse) fills
quiero (querer) I want
sufrimos (sufrir) we suffer

Otras expresiones/Other expressions
al instante - at once
con - with
¿deseas tener...? - would you
   like to have?
mil gracias - many thanks
oro puro - pure gold
¿será suficiente este ...? will
   this be enough?

allí - over there
cuando - when
en medio - in the middle
más grande que éste - larger
   than this one
ni ... ni ... - neither... nor
súbitamente - suddenly
ya no está allí - is no longer
   there

THE OLD PEASANT

An old peasant is returning to his poor cabin. He is very sad because he has nothing in his small bag. It is empty.

He is sad and walks slowly. He cries because his life is very harsh. Suddenly, in the middle of the forest, a beautiful young woman speaks to him:

"Old peasant. I hear your troubles. Would you like to have gold?"

"Oh yes, beautiful child! My family has neither food nor clothing. We suffer so much!"

The lovely young woman touches his bag, which immediately fills with pure gold. The old peasant is very happy. He says:

"A thousand thanks, Miss! With this gold, I am going to buy pants, shirts, belts, boots and underwear for my six boys. I am going to buy pretty dresses, skirts, blouses and sandals for my five girls; and I am going to buy two elegant dresses, shoes, an apron and nightshirts for my wife. For me, a suit, hat and shoes to wear on Sundays. I also would like to buy a house. Would this gold be enough? Please, Miss, could you wait a moment? I will rush home to get another bag, larger than this one.

When the old man returns, the beautiful young woman is no longer there and the peasant's small bag lies on the ground, empty. How the old peasant cries!

Vocabulary/Vocabulario

Nouns/Sustantivos

apron - delantal
belt - cinturón
boot - bota
floor - suelo
forest - bosque
hut - cabaña
nightshirt - camisón
peasant - campesino
shirt - camisa
suit - traje
underwear - ropa interior
young man - muchacho

bag - saco (saquito)
blouse - blusa
dress - vestido
food - comida
hat - sombrero
life - vida
pants - pantalones
sandals - sandalias
shoes - zapatos
trouble, pain - pena
young woman - muchacha

Adjectives/Adjetivos

empty - vacio/a
harsh, hard - dura/o
old - viejo/a

Verbs/Verbos

cries - llora
get - traer
run - corro
touches - toca
walks - camina

fills - (se) llena
returns - regresa
suffer - sufrimos
wait - espere
want - quiero

Other expressions/Otras expresiones

at once - al instante
is no longer there - ya no está allí
many thanks - mil gracias
over there - allí
suddenly - súbitamente
with - con
when - cuando

in the middle - en medio
larger than this one - más grande que éste
neither...nor ...- ni ... ni
pure gold - oro puro
will this be enough? - ¿será suficiente...?
would you like to have? - ¿deseas tener?

EL MAS FUERTE

El viento y el sol quieren saber cuál de los dos es el más fuerte.

Dice el sol:

-¿Ves aquel hombre con su capa? Si tú le quitas la capa, tú eres el más fuerte de los dos.

El viento sopla, sopla muy fuerte, como un huracán. El hombre sujeta la capa aún más fuerte. El viento no puede quitársela.

El viento deja de soplar. El sol, sin decir nada, muy calladito, envía sus rayos que están más calientes que de costumbre.

El hombre empieza a sudar. Tiene muchísimo calor. El sol calienta más. El hombre se quita la capa. Luego se quita la chaqueta; luego el chaleco, la camisa y finalmente, la camiseta.

El sol es el ganador.

La lección de esta pequeña historia es que

Más vale maña que fuerza

Vocabulario/Vocabulary

Sustantivos/Nouns

el calor - heat
la camiseta - T-shirt
el chaleco - vest
el ganador - the winner
la lección - lesson
el sol - sun

la camisa - shirt
la capa - cape
la chaqueta - jacket
el huracán - hurricane
el rayo - ray
el viento - wind

Adjetivos/Adjectives

aquel - that
callado, calladito - quietly

caliente - hot, warm
fuerte - strong, hard

Verbos/Verbs

calienta (calentar) warms
quieren (querer) - want
sopla (soplar) blows
sujeta (sujetar) holds

envía (envíar) - sends
quitar - to take off, remove
sudar - to sweat
ves (ver) - see

Otras expresiones/Other expressions

cuál - which one
empezar a (+ verbo) - begins to
más que de costumbre - more
    than usual

dejar de (+ verbo) - to stop
el más fuerte - the stronger
tener calor - to be hot, warm
si tú le quitas - if you take off

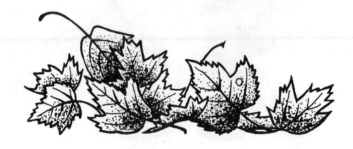

THE STRONGER

The wind and the sun want to know which one of the two is stronger.

The sun says:

"Do you see that man with a cape? If you take off his cape, you are the stronger of the two."

The wind blows, blows very hard, like a hurricane. The man holds the cape even more tightly. The wind cannot take it from him.

The wind stops blowing. The sun, without saying anything, quietly sends his rays, which are warmer than usual.

The man begins to sweat. He is very hot. The sun gets even warmer. The man removes his cape. Then, he takes off his jacket; then, his vest and shirt, and finally, his T-shirt.

The sun is the winner.

The moral from this brief story is,

Ingenuity is better than strength.

Vocabulary/Vocabulario

Nouns/Sustantivos
cape - capa

hurricane - huracán

lesson - lección

shirt - camisa

T-shirt - camiseta

wind - viento

heat - calor

jacket - chaqueta

ray - rayo

sun - sol

vest - chaleco

winner - el ganador

Adjectives/Adjetivos
hot, warm - caliente

quietly - calladito

that - aquel

quiet - callado

strong, hard - fuerte

Verbs/Verbos
blows - sopla

see, you - (tú) ves

to sweat - sudar

want, they - quieren

holds - sujeta

sends - envía

to take off - quitar

warms - calienta

Otras expresiones/Other expressions
begins to - empieza a

more than usual - más que de
costumbre

the stronger - el más fuerte

if you take off - si le quitas

to be hot, warm - tener calor

to stop - dejar de

which one - cual

LA BOLSA DE "AY, AY, AYS"

Un caballero muy sarcástico contrata a un nuevo criado que se llama Tiburcio. Este criado parece ser muy tonto. El caballero, que es un poco cruel, quiere burlarse de él y le dice:

-Vaya al mercado y compre una libra de manzanas y otra libra de "ay, ay, ays".

Tiburcio va al mercado. Compra una libra de manzanas pero cuando pide " ay, ay, ays" todo el mundo se ríe de él. Por fin comprende que el caballero es muy burlón y decide vengarse de él.

En una bolsa pone las manzanas y encima de ellas pone un manojo de ortigas muy punzantes.

En la casa el caballero le pregunta con tono muy burlón:

-Tiburcio ¿dónde están los " ay, ay, ays?"

El criado responde:

-Señor, están en la bolsa, encima de las manzanas.

El caballero mete la mano y se pincha los dedos con las ortigas.

-¡Ay, ay, ay! -grita el caballero.

El criado dice:

-Debajo de los "ay, ay, ays" están las manzanas, señor.

Vocabulario/Vocabulary

Sustantivos/Nouns

la bolsa - bag
el criado - servant
el manojo - bunch
el mercado - market
el tono - tone, accent

el caballero - gentleman
la libra - pound
la manzana - apple
la ortiga - nettle

Adjetivos/Adjectives

burlón - jestful
sarcástico - mocking

punzante - thorny
tonto - dumb

Verbos/Verbs

burlarse - to make fun of
grita (gritar) screams
quiere (querer) wants
pide (pedir) asks for
responde - answers
se ríe - (reírse) - laughs
va (ir) - goes
vengarse - to take revenge

comprende - understands
mete (meter) puts
parece ser - seems to be
pone (poner) puts
se pincha (pincharse) -
   pricks himself
vaya (command of ir) - go!

Otras expresiones/Other expressions

cuando - when
debajo - under
por fin - finally, at long last

encima - on top
todo el mundo - everybody

65

THE "SCREAMING" BAG

A very sarcastic gentleman hires a new servant named Tiburce. This servant appears to be quite dumb. The gentleman wants to make fun of him and says:

"Go to market and buy a pound of apples and another pound of 'ay, ay, ays'."

Tiburce goes to market. He buys a pound of apples, but when he asks for "ay, ay, ays" everybody laughs at him. At long last he understands that the gentleman is making fun of him and decides to take revenge.

He puts the apples in a bag and on top of them places a bundle of very thorny nettles.

At home the gentleman asks him in a jesting way:

"Tiburce, where are the 'ay, ay, ays'?"

The servant answers:

"Sir, they are in the bag, on top of the apples."

The gentleman puts his hands inside the bag and hurts his fingers with the nettles.

"Ay, ay, ay! ", screams the gentleman.

The servant says:

"Underneath the 'ay, ay, ays' are the apples, sir."

Vocabulary/Vocabulario

Nouns/Sustantivos
apple -manzana
bunch - manojo
market - mercado
pound - libra
tone - tono

bag - bolsa
gentleman - caballero
nettle - ortiga
servant - criado

Adjetivos/Adjectives
dumb - tonto
thorny - punzante

sarcastic - burlón, sarcastic

Verbs/Verbos
answers - responde
go! (command) - vaya
to make fun of - burlarse
puts - mete
seems to be - parece ser
understands - comprende

asks for - pide
laughs - se ríe
pricks himself - se pincha
screams - grita
to take revenge - vengarse
wants - quiere

Other expressions/Otras expresiones
everybody - todo el mundo
on top - encima
when - cuando

finally - por fin
under - debajo

EL DIAMANTE

En una ciudad grande vive un hombre muy rico y muy egoísta. Tiene muchísimo dinero pero nunca ayuda a nadie. Su vecino es un hombre muy trabajador pero pobre.

Un día el hombre rico visita a un adivino. El adivino le dice:

-Tu vecino va a tener todo tu dinero.

-¿Cómo es posible? Yo no voy a darle nada.

-No importa. El va a tener todo tu dinero.

El hombre rico y egoísta decide vender todas sus casas y joyas. Luego compra un enorme diamante. Siempre lleva el diamante en el bolsillo.

-Mi vecino pobre nunca va a tener mi dinero - piensa.

Un día el hombre rico va a pescar en el mar. Hay mucho viento y él se cae en el agua. El diamante ya no está en su bolsillo. Aunque está triste, el hombre egoísta dice:

-No importa. Mi vecino pobre nunca va a tener mi dinero.

Unos días después el vecino pobre compra un pescado en el mercado. Lo lleva a su casa. Cuando lo corta, encuentra un enorme diamante dentro del estómago del pescado.

Vocabulario/Vocabulary

Sustantivos/Nouns
el adivino - soothsayer
la ciudad - city
el estómago - stomach
el mar - sea
el pescado - fish
el viento - wind

el bolsillo - pocket
el diamante - diamond
la joya - jewel
el mercado - market
el vecino - neighbor

Adjetivos/Adjectives
egoísta - selfish
trabajador - hard working

enorme - huge
triste - sad

Verbos / Verbs
ayuda (ayudar) helps
dar(le) - give(him)
encuentra (encontrar) finds
pescar - to fish
se cae (caerse) falls

corta (cortar) cuts
dice (decir) says
lleva (llevar) carries
piensa (pensar) thinks
vender - to sell

Otras expresiones/Other expressions
aunque - even though
dentro - inside
nadie - nobody
nunca - never
todas/os - all
unos días después - a few
   days later

¿cómo es posible? -
   how is that possible?
no importa - it doesn't
   matter
un día - one day
va a tener - is going to have
ya no está - is no longer

THE DIAMOND

A very rich and selfish man lives in a large city. He has lots of money, but he never helps anybody. His neighbor is a very hard-working but poor man.

One day the rich man visits a soothsayer. The soothsayer says:

"Your neighbor is going to have all your money."

"How is that possible? I am not going to give him anything."

"It doesn't matter. He is going to have all your money."

The rich and selfish man decides to sell all his houses and jewels. Then, he buys a huge diamond. He always carries the diamond in his pocket. He thinks:

"My poor neighbor is never going to have my money."

One day the rich man goes to sea to fish. There is a lot of wind and he falls into the water. The diamond is no longer in his pocket. Even though he is sad, the selfish man thinks:

"It doesn't matter. My poor neighbor is never going to have my money."

A few days later the poor neighbor buys a large fish in the market. He takes it home, and when he cuts open the fish, he finds a huge diamond inside the fish's stomach.

Vocabulary/Vocabulario

Nouns/Sustantivos
city - ciudad
fish - pescado
market - mercado
pocket - bolsillo
soothsayer - adivino
wind - viento

diamond - diamante
jewel - joya
neighbor - vecino/a
sea - mar
stomach - estómago

Adjectives/Adjetivos
huge - enorme
sad - triste

hard working - trabajador
selfish - egoísta

Verbs/Verbos
carries - lleva
falls - cae
give (him) - dar(le)
says - dice
to fish - pescar

cuts - corta
finds - encuentra
helps - ayuda
thinks - piensa
to sell - vender

Other expressions/Otras expresiones
all - todos/as
even though - aunque
how is that possible? -
  ¿cómo es posible?
is going to have - va a tener
nobody - nadie
nunca - never

a few days later -
  unos días después
inside - dentro
is no longer - ya no está
it doesn't matter - no
  importa
one day - un día

BUFE INTERNACIONAL

Seis simpáticos estudiantes extranjeros deciden vivir juntos en un apartamento grande y cómodo. Son: un japonés, un italiano, un inglés, un mexicano, un indio de la India y un francés.

Durante el día cada uno estudia en la universidad. Por la noche llegan a casa y están muy cómodos y contentos porque son buenos amigos. Deciden que van a compartir el trabajo de limpiar el apartamento y hacer la cena.

Pronto hay un problema muy serio. Este problema es el de la comida. Esto es lo que pasa:

Cuando el japonés prepara la comida él sirve "sushi" o sea, pescado crudo. Nadie más que el japonés come pescado crudo.

Cuando el italiano prepara la comida él sirve hígado a la milanesa con fideos y mucha salsa de tomate. A los otros no les gusta el hígado. Así, sólo el italiano come esa noche.

El inglés sirve pastel de riñón. A nadie le gusta este pastel. Todos, menos el inglés, tienen mucha hambre esa noche también.

El mexicano sirve tacos con carnitas de cerdo y mucho chile muy picante. Los otros no pueden comer comida tan picante. Así, todos, menos el mexicano, tienen hambre.

El indio sirve arroz con una salsa de curry y otros condimentos muy extraños. Como es vegetariano, no prepara carne. A nadie le gusta esa clase de comida. Todos, menos el indio, tienen hambre.

El francés sirve el famoso "escargot" - caracoles en salsa de vino y mantequilla. Nadie come. El mexicano dice:

-¡Babosos! ¡Ni modo!

¡Qué lástima! Los compañeros no pueden comer juntos. Cada uno se va a buscar otro lugar donde comer. Y la solución es tan fácil. ¡Hay que aprender a comer de todo!

-Un momento Maricarmen. ¿De todo? ¿"Escargot" también?

-Uummm. *Casi* de todo...

Vocabulario/Vocabulary

Sustantivos/Nouns
el arroz - rice
la carne - meat
la comida - food
el condimento - seasoning
el francés - Frenchman
el indio - Indian
el japonés - Japanese
el mexicano - Mexican
el pescado - fish
el riñón - kidney
el trabajo - task, work
el vino - wine

el caracol - snail
el cerdo - pork
el compañeros- roommate
los fideos - noodles
el hígado - liver
el italiano - Italian
el lugar - place
el pastel - pie
el problema - problem
la salsa - sauce
la universidad - University

Adjetivos/Adjectives
baboso - slimy
contentos/as - happy
extranjero/a - foreign
fácil - easy
serio - serious

cómodo/a - comfortable
crudo - raw
extraño - strange
picante - hot (spicy)
vegetariano - vegetarian

Verbos/Verbs
aprender - to learn
compartir - to share
llegan (llegar) they arrive

buscar - to look for
limpiar - to clean
sirve (servir) s/he serves

Otras expresiones/Other expressions
así - thus
casi - almost
donde - where
esa noche - that night
juntos - together
hacer la cena - fix dinner
nadie más que... - nobody but...
o sea - which is
por la noche - at night
tener hambre - to be hungry

cada uno - each one
de todo - everything
esa clase - that kind
esto es lo que pasa - this is
  what happens
hay que (+verbo) - it's necessary
¡ni modo! - no way!
¡qué lástima! - what a pity!
sólo/solamente - only

INTERNATIONAL BUFFET

Six nice foreign students decide to share a large and comfortable apartment. They are: a Japanese, an Italian, an Englishman, a Mexican, an Indian from India and a Frenchman.

During the day each one studies at the university. In the evening, they arrive home and feel comfortable and happy because they are good friends. They decide to share the tasks of cleaning the apartment and fixing dinner.

Soon, there is a serious problem. The problem is food. This is what happens:

When the Japanese fixes dinner, he serves "sushi," which is raw fish. Nobody but the Japanese eats raw fish.

When the Italian fixes dinner, he serves liver a la Milano with noodles and much tomato sauce. The other ones don't like liver. Thus, on that night, only the Italian eats.

The Englishman serves kidney pie. Nobody likes that kind of pie. Everybody, except the Englishman, is very hungry that night, too.

The Mexican serves tacos with pork and a lot of very hot chili peppers. The others cannot eat such spicy food. Thus, everybody but the Mexican is very hungry.

The Indian serves rice with a curry sauce and other strange condiments. Because he is a vegetarian, he does not prepare meat. Nobody likes that kind of food. Everybody but the Indian is hungry.

The Frenchman cooks the famous "escargot" -- snails in a wine and butter sauce. Nobody eats. The Mexican says:

"Slimy slugs! No way!"

What a pity! The roommates cannot eat together. Each one goes out to look for another place to eat. And yet, the solution is so simple. It's necessary to learn to eat everything!

-Wait a minute, Maricarmen. Eat everything? Even "escargot?"

-Hmmm. Well, *almost* everything...

Vocabulary/Vocabulario

Nouns/Sustantivos

fish - pescado
Frenchman - francés
Indian - indio
Japanese - japonés
meat - carne
noodles - fideos
place - lugar
problem - problema
roommates - compañeros
seasoning - condimento
task, work - trabajo

food - comida
liver - hígado
Italian - italiano
kidney - riñón
Mexican - mexicano
pie - paste
pork - cerdo
rice - arroz
sauce - salsa
snail - caracol
wine - vino

Adjetivos/Adjectives

comfortable - cómodo/a
foreign - extranjero/a
hot (spicy) - picante
serious - serio
strange - extraño

easy - fácil
happy - contento
raw - crudo
slimy - baboso
vegetarian - vegetariano

Verbs/Verbos

arrive - llegar
to learn - aprender
serves - sirve

to clean - limpiar
to look for - buscar
to share - compartir

Other expressions/Otras expresiones

at night - por la noche
each one - cada uno
it's necessary to... - hay que
no way! - ¡ni modo!
to be hungry - tener hambre
that kind - esa clase
this is what happens - esto es
lo que pasa
what a pity! - ¡qué lástima!
which is - o sea

almost - casi
everything - de todo
nobody but - nadie más que
only - sólo, solamente
to fix dinner - hacer la cena
that night - esa noche
thus - así
together - juntos
where - donde

PREGUNTAS Y RESPUESTAS

Hay algunas preguntas en la vida que tienen respuestas muy raras. Por ejemplo:

-¿Cuánto cuesta educar a un niño?

-Un segundo de conocimiento y cien siglos de paciencia.

-¿Cuántos minutos hay en una hora?

-Hay mil minutos en una hora en la silla del dentista y solamente cinco minutos en una hora en nuestro lugar favorito.

-Cuántas millas hay de aquí a Los Angeles?

-Veinte millas rápidas y el resto al paso de una tortuga muy nerviosa.

-Cuánto mide el cuello de una jirafa?

-Una yarda de amarillo y media yarda de negro.

-¿Cuánto pesa un elefante africano?

-Un elefante africano pesa dos exploradores ingleses, un guía alemán y quinientas libras de cacahuetes.

-Sr. Rodari, dígame, ¿cuánto pesa la lágrima de un niño?

El Sr. Giani Rodari, autor de *Cuentos por Teléfono** contesta:

-La lágrima de un niño caprichoso pesa menos que el viento, pero la lágrima de un niño hambriento pesa más que toda la tierra.

Vocabulario/Vocabulary

Sustantivos/Nouns

el cacahuete/maní - peanut
el cuello - neck
el guía - guide
la milla - mile
la pregunta - question
el segundo - second
la tierra - earth

el conocimiento - knowledge
la felicidad - happiness
la lágrima - tear
los precios - prices
la respuesta - answer
el siglo - century
la yarda - yard

Adjetivos/Adjectives

caprichoso - temperamental
media - half
rápido/a - fast

hambriento - hungry
nervioso/a - nervous
raro - strange

Verbos/Verbs

contesta - answers
educar - to educate
pesa (pesar) weighs

cuesta (costar) costs
mide (medir) measures

Otras expresiones/Other expressions

algunas - some
al paso de - at the pace of
cuánto/a/os/as - how much, how many
¿cuánto cuesta...? - how much does it cost?
¿cuánto mide...? - what's the measurement...?
de aquí a... - from here to...
menos que - less than
por ejemplo - for instance

QUESTIONS AND ANSWERS

There are certain questions in life that have strange answers For instance:

"How much does it cost to educate a child?"

"The price is one second of knowledge and one hundred centuries of patience."

"How many minutes are there in one hour?"

"There are one thousand minutes in one hour in a dentist's chair and only five minutes in one hour at our favorite spot."

"How many miles from here to Los Angeles?"

"Twenty fast miles and the rest at the pace of a very nervous turtle."

"How long is a giraffe's neck?"

"A yard of yellow and half a yard of black."

"How much does an African elephant weigh?"

"An African elephant weighs two English explorers, one German guide and five hundred pounds of peanuts."

"Mr. Rodari, what's the weight of a child's tear?"

Mr. Gianni Rodari, author of *Telephone Tales*, answers:

"The tear of a temperamental child weighs less than the wind, but the tear of a hungry child weighs more than the whole earth."

Vocabulary/Vocabulario

Nouns/Sustantivos
answer - respuesta
earth - tierra
knowledge - conocimiento
neck - cuello
question - pregunta
thing - cosa

century - siglo
guide - guía
mile - milla
prices - precios
tear - lágrima
yard - yarda

Adjectives/Adjetivos
fast - rápido/a
hungry - hambriento/a
strange - raro

half - media/o
nervous - nervioso/a
temperamental - caprichoso

Verbs/Verbos
answers - contesta
to educate - educar
weighs - pesa

costs - cuesta
measures - mide

Other expressions/Otras expresiones
at the pace of - al paso de
from here to... -de aquí a...
for instance - por ejemplo
less than - menos que
how much does it cost? - ¿cuánto cuesta?
some - algunas
what's the measurement - ¿cuánto mide...?

LA VERDAD

Esta es la historia de un hombre que quiere saber la Verdad. El desea saber la Verdad más que nada en el mundo. Por eso la busca durante muchos años.

Durante cinco años busca la verdad en las ciudades más importantes del mundo. Pero no la encuentra.

Durante otros cinco años la busca en los pueblos más pequeños del mundo. Pero no la encuentra allí tampoco.

Durante muchos años más la busca por las montañas, las selvas y los desiertos del mundo. Pero no la encuentra allí tampoco.

Por fin, un día la encuentra en una cueva en un lugar secreto de los Incas. El hombre está muy feliz. ¡Por fin está con la Verdad! La Verdad es una vieja muy vieja y muy fea, pero lo sabe todo.

El hombre estudia con la Verdad por varios años. Finalmente, un día el hombre decide regresar a su casa y dice adiós a la Verdad. Ella pregunta:

-¿Puedes hacerme un favor, hijo mío?

-Sí, gran señora ¡por supuesto!

-Gracias. Cuando tú hables con otras personas sobre mí, por favor, no les digas que soy vieja y fea. Por favor, diles que soy joven y muy, muy hermosa.

Vocabulario/Vocabulary

Sustantivos/Nouns
la ciudad - city
el desierto - desert
la montaña - mountain
el pueblo - town
la verdad - truth

la cueva - cave
el lugar - place
el mundo - world
la selva - forest

Adjetivos/Adjectives
fea - ugly
hermosa/o - beautiful
vieja/o - old

feliz - happy
joven - young

Verbos/Verbs
busca - searches
encuentra (encontrar)
  finds

diles (decir) tell them
puedes (poder) can you?
sabe (saber) knows

Otras expresiones/Other expressions
durante - during
más - more
más que nada - more
  than anything
por supuesto- of
  course

lo sabe todo - knows
  everything
por eso - that's why
por fin - at long last
¿Puedes hacerme un favor? -
Can you do something for me?

TRUTH

This is the story of a man who wants to know Truth. He wants to know Truth more than anything in the world. That's why he searches for her for many years.

For five years he looks for Truth in the most important cities of the world. But he does not find her.

For five more years he searches for her in the smallest towns of the world. But he does not find her there, either.

For many more years, he searches for her in the mountains, jungles and deserts of the world. But he does not find her there, either.

At long last, one day he finds her in a cave in a secret Incan place. The man is very happy. At long last, he is with Truth! Truth is a very old and ugly woman, but she knows everything.

The man studies with Truth for several years. Finally, one day, the man decides to return home and bids farewell to Truth. She asks:

"Can you do me a great favor, my son?"

"Yes, great lady, of course!"

"Thank you. When you speak with other people about me, please, don't tell them that I am old and ugly. Kindly, tell them that I am young and very, very beautiful."

Vocabulary/Vocabulario

Nouns/Sustantivos
cave - cueva
desert - desierto
mountain - montaña
town - pueblo
world - mundo

city - ciudad
forest - selva
place - lugar
truth - verdad

Adjectives/Adjetivos
beautiful - hermosa/o
old - vieja/o

happy - feliz
young - joven

Verbs/Verbos
can you? - puedes?
knows - sabe
tell them - diles

finds - encuentra
searches - busca

Other expressions/Otras expresiones
at long last - por fin
knows everything - lo sabe
   todo
of course - por supuesto
that's why - por eso
Can you do something for me? - ¿Puedes hacerme un favor?

for - por
more - más
more than anything -
   más que nada

HUELGA DE HAMBRE

Un día, los miembros del cuerpo humano piensan que trabajan mucho pero no reciben nada de comida. El único que recibe comida es el estómago, y él no trabaja nada. Dicen que el estómago tiene que trabajar tanto como el resto del cuerpo. Así, deciden ponerse en huelga de hambre.

Durante dos días las manos no quieren tomar la comida. La boca no quiere recibirla. La lengua, los dientes y la garganta no tienen trabajo.

Pasan tres días y los miembros empiezan a sentirse muy mal. Los brazos, las manos y los dedos apenas pueden moverse; los labios, la boca, la lengua y la garganta están muy secos; las rodillas están muy débiles; los pies y las piernas no pueden apoyar el resto del cuerpo.

De esta manera, los miembros descubren que el estómago trabaja tanto como cualquiera de ellos. Y todos empiezan a alimentar al estómago con mucha alegría. ¡Qué bien se siente todo el cuerpo ahora!

Vocabulario/Vocabulary

Sustantivos/Nouns

la alegría - joy, gladness
los brazos - arms
el cuerpo - body
los dientes - teeth
la garganta - throat
los labios - lips
las manos - hands
los pies - feet

la boca - mouth
la comida - food
los dedos - fingers
el estómago - stomach
la huelga - strike
la lengua - tongue
las piernas - legs
las rodillas - knees

Adjetivos/Adjectives

débil - weak
seco - dry

Verbos/Verbs

alimentar - to feed
descubren (descubrir) discover
empiezan (empezar) begin
quieren (querer) want
pueden (poder) can
se siente (sentirse) feel
trabajan (trabajar) work

apoyar - to support
dicen (decir) they say
moverse - to move
piensan (pensar) think
reciben (recibir) receive
tomar - to take

Otras expresiones/Other expressions

ahora - now
así - thus
de esta manera - this way
el único - the only one
ponerse en huelga - to go on
  strike
sentirse mal - to feel poorly
tener que - to have to

apenas - barely
cualquiera - anyone
durante - during
pasan tres días - three days
  go by

tanto como - as much as
todos - all, everybody

HUNGER STRIKE

One day, the parts of the human body decide that although they work very hard, they do not get any food. The only part which gets food is the stomach, and he does no work at all. They say that the stomach ought to work as much as the rest of the body. So, they resolve to go on a hunger strike.

For two days, the hands refuse to take food. The mouth refuses to receive it. The tongue, teeth and throat do nothing.

Three days pass, and the parts begin to feel ill. The arms, hands and fingers can hardly move; the lips, mouth, tongue and throat are very dry; the knees are very weak; and the feet and legs cannot sustain the rest of the body.

In this manner, the parts of the body discover that the stomach works as hard as any one of them. And each part then happily begins once again to feed the stomach. How well the body now feels!

Vocabulary/Vocabulario

Nouns/Sustantivos

arms - brazos
feet - pies
food - comida
joy, gladness - alegría
legs - piernas
mouth - boca
stomach - el estómago
throat - garganta

body - cuerpo
fingers - dedos
hands - manos
knees - rodillas
lips - labios
parts - partes
teeth - los dientes
tongue - lengua

Adjectives/Adjetivos

dry - seco
weak - débil

Verbs/Verbos

begin, start - empiezan
discover - descubren
feel - se siente
receive - reciben
to support - apoyar
to take - tomar
work - trabajan

can - pueden
to feed - alimentar
to move - moverse
say - dicen
think - piensan
want - quieren

Other expressions/Otras expresiones

anyone - cualquiera
barely - apenas
now - ahora
this way - de esta manera
three days go by - pasan tres días
to have to do (something) - tener que
to go on strike - ponerse en huelga
to feel poorly - sentirse mal

as much as - tanto como
during - durante
the only one - el único
thus - así

EL ESPOSO DE LA LUNA

En la mitología griega el sol se llama Helios y la luna se llama Selene. De noche, mientras su hermano descansa, Selene pasea lentamente por el cielo y observa el sueño tranquilo de los habitantes de la tierra.

Una noche Selene ve a un joven pastor que duerme al lado de sus ovejas. ¡Es tan joven y tan guapo! Ella se enamora de él, y aunque camina toda la noche, no puede olvidar al joven pastor.

Al día siguiente Selene habla con Zeus, el rey de los dioses.

-¡Gran señor! Estoy enamorada de un pastor hermosísimo. Quiero casarme con él.

-Pero tú sabes que los hombres son mortales. Si te casas con ese pastor, él va a morir en unos años más y tú, que eres inmortal, vas a estar sola para siempre.

-Gran Zeus, lo sé, lo sé. Por esto te pido: ¿puedes hacerlo dormir para siempre?

-Sí, puedo. Así él será siempre joven y guapo.

El joven pastor duerme para siempre. Sonríe feliz mientras está durmiendo porque sueña que la luna es su esposa y que está en sus brazos. Sueña que tienen cincuenta hijas.

El no sabe que ésto no es un sueño: Selene,
su esposa, tiene cincuenta hijas, tan hermosas
como ella y tan dormilonas como el papá.

Vocabulario/Vocabulary

Sustantivos/Nouns
los brazos - arms
el esposo - husband
la luna - moon
el pastor - shepherd
el sueño - sleep, dream

el cielo - sky
el habitante - inhabitant
la oveja - sheep
el sol - sun
la tierra - earth

Adjetivos/Adjectives
dormilón/a - sleepy
hermosísimo /a- gorgeous

griega/o - Greek
tranquila/o - quiet, peaceful

Verbos/Verbs
casarse con - to marry
dormir - to sleep
durmiendo - sleeping
olvidar - to forget
pido (pedir) I ask for
sabes - you know
sonríe - smiles

descansa - rests
duerme - sleeps
morir - to die
pasea - promenades
puede - can
se enamora - falls in love with
sueña (soñar) - dreams

Otras expresiones/Other expressions
al lado - next to
lo sé - I know it
para siempre - forever
tan - so
en unos años más - in a few
   more years
de noche - at night

aunque - though
mientras - while
si - if
toda la noche - aii night long
estar enomorado/a - to be in
   love with

THE MOON'S HUSBAND

In Greek mythology, the sun is called Hellius and the moon, Selene. At night, while her brother rests, Selene promenades slowly in the sky, observing the peaceful slumber of the earth's inhabitants.

One night Selene sees a young shepherd. He sleeps next to his sheep. He is so young and handsome! She falls in love with him. Though she continues walking all night, she cannot forget the young shepherd.

The next day, Selene speaks with Zeus, king of the gods.

"Great lord! I am in love with a gorgeous shepherd. I want to marry him."

"But you know that men are mortals. If you marry that shepherd, he is going to die in a few years and you, who are immortal, are going to be alone forever."

"Great Zeus, I know it, I know it. That is why I ask you: can you make him sleep forever?"

"Yes, I can. Thus, he will always be young and handsome."

The young shepherd sleeps forever. He smiles happily while he is sleeping. He dreams that the moon is his wife and that she is in his arms. He dreams that they have fifty daughters.

He does not know that this is not a dream: Selene bears him fifty daughters, as beautiful as she is and as sleepy as their father.

Vocabulary/Vocabulario

Nouns/Sustantivos

arms - brazos
husband - esposo
moon - luna
shepherd - pastor
sleep/dream - sueño

earth - tierra
inhabitant - habitante
sheep - oveja/s
sky - cielo
sun - sol

Adjectives/Adjetivos

gorgeous - hermosísima/o
quiet - tranquila/o

Greek - griego/a
sleepy - dormilón/a

Verbs/Verbos

ask for - pedir
to die - morir
to fall in love - enamorarse
know, you - sabes
promenades - pasea
to sleep - dormir
sleeping - durmiendo

can - puede
dreams - sueña
to forget - olvidar
to marry - casarse con
rests - descansa
sleeps - duerme
smiles - sonríe

Other expressions/Otras expresiones

at night - de noche
all night long - toda la noche
if - si
I know it - lo sé
next to - al lado de
in a few more years - en
 unos años más

forever - para siempre
so - tan
though - aunque
while - mientras
estar enamorado/a - to
 be in love with

QUECA CABEZA HUECA

Queca es una chica bonita y simpática pero algo floja y cabeza hueca. Un día dice a su papá:

-Papá, quiero tener un pasatiempo interesante.

Su papá está contento y le pregunta:

-¿Qué clase de pasatiempo, Queca?

-Pues, creo que quiero aprender a tocar la guitarra.

-Es una idea excelente. Vamos a la tienda de música para comprar una buena guitarra.

En la tienda de música hay guitarras de muchos tamaños y colores. Finalmente, Queca ve una guitarra color azul y dice:

-Quiero esta guitarra.

Regresan a su casa. Pasan dos semanas y Queca no toca nunca la guitarra. Su papá pregunta.

-¿Por qué no tocas la guitarra, Queca?

Ella contesta:

-Porque no me gusta la guitarra azul. Yo deseo una guitarra roja.

Ellos regresan a la tienda de música y cambian la guitarra azul por una guitarra roja. Pasan dos o tres semanas. Queca no toca nunca la guitarra. Su papá le pregunta:

-¿Por qué no tocas la guitarra, Queca?

-Porque no me gusta la guitarra roja. Yo deseo una guitarra eléctrica.

Regresan a la tienda de música y cambian la guitarra roja por una guitarra eléctrica. Pasan tres o cuatro semanas. Queca no toca la guitarra nunca. Su papá le pregunta:

-¿Por qué no tocas la guitarra, Queca?

-Oh papá. La verdad es que no me gusta tocar guitarra. Yo quiero aprender a coser mi ropa. Quiero hacer muchas faldas, blusas, pantalones. ¿Por qué no me compras una máquina de coser?

-Está bien. Vamos a comprar una máquina de coser.

En la tienda de máquinas de coser el papá compra una máquina usada. El desea ver si Queca realmente va a usar la máquina y por eso no compra una máquina nueva y cara.

Pasan varias semanas y Queca no usa nunca la máquina de coser. Finalmente su papá pregunta:

-¿Por qué no usas la máquina de coser Queca?

-¡Oh papá! No la uso porque es muy vieja y fea. ¡Yo quiero una máquina de coser nueva!

HEDDY, THE AIRHEAD

Heddy is a nice and pretty young woman but somewhat lazy and empty-headed. One day she says to her father:

"Dad, I would like to have an interesting pastime."

Her father is happy and he asks:

"What kind of pastime Heddy?"

"Well, I think I would like to learn to play the guitar."

"That's an excellent idea. Let's go to the music store to buy a good guitar."

At the music store there are guitars of many sizes and colors. Finally, Heddy sees a blue guitar and says:

"I want this guitar."

They return home. Two weeks go by and Heddy never plays the guitar. Her father asks:

"Why don't you play the guitar, Heddy?"

She answers:

"Because I don't like the blue guitar. I want a red one."

They go back to the music store and they exchange the blue guitar for a red one. Two or three weeks go by. Heddy does not play the guitar, ever. Her father asks:

"Why don't you play the guitar, Heddy?"

"Because I don't like the red guitar. I want an electric one."

They return to the music store and they exchange the red guitar for an electric one. Three or four weeks go by. Heddy does not play the guitar, ever. Her father asks:

"Why don't you play the guitar, Heddy?"

"Oh, Dad. The truth is that I don't like to play the guitar. I would prefer to make my clothes. I want to sew many skirts, blouses, slacks... Why don't you buy me a sewing machine?"

-Fine. We are going to buy a sewing machine.

Heddy's father purchases a used machine at the sewing machine store. He wants to see if Heddy will really use the machine. That is why he does not buy her a new, expensive, sewing machine.

Several weeks go by and Heddy never uses the sewing machine. At long last her dad asks:

"Why don't you use the sewing machine, Heddy?"

"Oh dad! I don't use it because it's so old and ugly. I want a brand new sewing machine!"

Vocabulario/Vocabulary

Sustantivos/Nouns
la guitarra - guitar
el pasatiempo -pastime/hobby
el tamaño - size

la máquina de coser- sewing machine
la tienda - shop

Adjetivos/Adjectives
caro/a - expensive
floja/o - lazy
usado/a - used

eléctrico/a - electric
nueva/o - new

Verbos/Verbs
aprender - to learn
creo - (creer) believe, think
pregunta - asks
ve - sees

coser - to sew
deseo (desear) desire, want
tocar - to play an instrument

Otras expresiones/Other expressions
cabeza hueca -empty-headed
cambiar ... por - to exchange
nunca - never
que clase - what kind

Vocabulary/Vocabulario

Nouns/Sustantivos
guitar - guitarra
sewing machina - máquina de coser

pastime - pasatiempo
size - tamaño
shop - tienda

Adjectives/Adjetivos
electric - eléctrico/a
lazy - flojo/a
used - usado/a

expensive - caro/a
new - nuevo/a

Verbs/Verbos
asks - pregunta
to learn - aprender
to make, sew - coser

desire - deseo
to play an instrument - tocar
to think - creer

Other expressions/Otras expresiones
airhead / empty-headed - cabeza hueca
to exchange - cambiar...por
never - nunca
what kind - que clase

LA VOZ DEL PAVO REAL

Como todos sabemos, el pavo real es el ave más hermosa de la creación. Pero todos también sabemos que su voz es tan fea y chillona que causa risa. Por eso, un día el pavo real habla con la diosa Juno y le dice:

-Mi señora ¿por qué tengo una voz tan fea? El ruiseñor, por ejemplo, es un pajarito insignificante pero canta tan bonito. Yo también quiero tener una voz bonita.

-Es verdad que el ruiseñor canta muy bien -dijo la diosa-, pero tú eres mucho más bello. Eres el ave más bella de la creación. Pareces hecho de joyas preciosas y finos metales. Tu pecho es de zafiros y tu fabulosa cola de esmeraldas tiene más de cien ojos de oro. Parece una rueda de joyas maravillosas.

-Pero mi señora, esto es terrible. ¡Pajaritos tan pequeños y feos como el canario y el ruiseñor cantan mejor que yo!

-A cada cual lo suyo -contesta Juno-. Para ti, la belleza y la hermosura; al águila, la fuerza; al ruiseñor, la melodía; a la paloma, la paz; al gallo, dar la hora; a la gallina, poner huevos. Cada cual está contento con lo suyo. Y tu también. Acepta lo que tienes y conténtate con lo que eres.

Vocabulario/Vocabulary

Sustantivos/Nouns
el águila - eagle
la belleza - beauty
la cola - tail
la fuerza - strength
la joya - jewel
el oro - gold
la paloma - dove
la paz - peace
la risa - laughter
el ruiseñor - nightingale
el zafiro - sapphire

el ave (f.) - bird
el canario - canary
la esmeralda - emerald
la hermosura - beauty
el ojo - eye
el pájaro - bird
el pavo real - peacock
el pecho - chest
la rueda - wheel
la voz - voice

Adjetivos/Adjectives
bello/a - beautiful
contento/a - happy, glad
fino/a - fine
precioso/a - precious

chillón/a - shrill
hecho/a - done
maravilloso/a - marvelous

Verbos/Verbs
canta - sings
contesta - answers

causa - causes
pareces - seem to

Otras expresiones/Other expressions
a cada cual lo suyo - to each
  its own
dar la hora - tell time
lo suyo - its own thing
mucho más - much more
poner huevos - lay eggs

cada cual - each one
tan feo como - as ugly as
es verdad - it's true
mejor que - better than
para ti - for you
por eso - that's why

107

THE PEACOCK'S VOICE

We all know that the peacock is the most
beautiful bird in creation. However, we all also
know that its voice is so ugly and shrill that it
causes people to laugh. That is why, one day, the
peacock speaks to Goddess Juno, and says:

"My lady, why do I have such an ugly voice?
The nightingale, for instance, is an insignificant-
looking bird but sings so prettily. I want to have a
pretty voice, also."

"It is true that the nightingale sings very
well," said the goddess. "But you are far more
beautiful. You are the most beautiful bird of
creation. You seem to be made of precious jewels
and fine metals. Your chest is full of sapphires and
your fabulous emerald tail has more than one
hundred eyes of gold. It is like a wheel of
marvelous jewels."

"But, my lady, this is terrible. Birds as small
and ugly as the canary and the nightingagle sing
better than I do!"

"To each his own," answers Juno. "For you,
beauty and loveliness; strength for the eagle;
melody for the nightingale; peace for the dove;

telling time for the rooster; and laying eggs for the chicken. Each one is happy with what he has. And you, too. Accept what you have, and be happy to be what you are".

Vocabulary/Vocabulario

Nouns/Sustantivos

beauty - belleza, hermosura
canary - canario
dove - paloma
emerald - esmeralda
gold - oro
laughter - risa
peace - paz
strength - fuerza
voice - voz

bird - ave, pájaro
chest - pecho
eagle - águila
eye - ojo
jewel - joy
nightingale - ruiseñor
peacock - pavo real
tail - cola
sapphire - zafiro

Adjectives/Adjetivos

beautiful - bello/a, hermoso/a
done - hecho/a
happy - contento
precious - precioso/a

fine - fino
marvelous - maravilloso/a
shrill - chillón/chillona

Verbs/Verbos

answers - contesta
seems to - pareces

causes - causa
sings - canta

Other expressions/Otras expresiones

better than - mejor que
for you - para ti
its own thing - lo suyo
tell time - dar la hora
to each its own - a cada
  cual lo suyo

each one - cada cual
it's true - es verdad
lay eggs - poner huevos
that's why - por eso

LOS DURAZNOS DEL REY

Un rey muy poderoso tiene un árbol de duraznos deliciosos Estos duraznos son tan deliciosos que solamente el rey puede comerlos.

El rey pone dos hombres para cuidar los duraznos. Uno de los guardianes es ciego. El otro es cojo.

Un día, el rey visita el huerto y ve que los mejores duraznos no están en el árbol. Pregunta a los guardianes, muy enojado:

-¿Dónde están los duraznos?

-Yo no lo sé -dice el cojo-. Yo no puedo robarlos porque no puedo subir al árbol.

-Ni yo tampoco -dice el ciego-. Yo no puedo robarlos porque no puedo verlos.

El rey piensa mucho en este problema. Pronto descubre que el ciego y el cojo roban los duraznos de la siguiente manera: el ciego, que no puede ver, pero puede usar sus piernas, levanta al cojo. Por su parte, el cojo que no puede usar sus piernas, pero puede ver, toma los duraznos.

El rey castigó severamente a los dos guardianes.

Vocabulario/Vocabulary

Sustantivos/Nouns

el árbol - tree
el guardián - guard
la manera - manner

el durazno - peach
el huerto - orchard
la pierna - leg

Adjetivos/Adjectives

ciego/a - blind
delicioso/a - delicious
poderoso/a - powerful

cojo/a - crippled
enojado/a - angry

Verbos/Verbs

castigó (castigar) -
   punished
pone - puts
subir - to climb, go up
usar - to use

levanta - raises
piensa (pensar) thinks
robar - to steal
toma - takes
ver - to see

Otras expresiones/Other expressions

los mejores - the best
por su parte - on the
   other hand
solamente - only

nadie más - nobody else
severely - severamente
siguiente - following
pronto - soon

THE KING'S PEACHES

A very powerful king has a peach tree. These peaches are so delicious that only the king is allowed to eat them. Nobody else can eat them.

Two men guard the peaches. One of the guards is blind, the other one crippled.

The king visits the orchard and notices that the best peaches are no longer on the tree. He angrily asks the guards:

"Where are the peaches?"

"I don't know" -says the crippled one-. "I cannot steal the peaches because I am unable to climb the tree."

"Me either" -says the blind guard-. "I cannot steal the peaches because I am unable to see them."

The king thinks a lot about this problem. He soons discovers that the blind and crippled guards steal the peaches in the following manner: the blind man, who cannot see but has the use of his legs, lifts the crippled one. The latter, on the other hand, cannot use his legs but can see, and he takes the peaches.

The king severely punished his two guards.

Vocabulary/Vocabulario

Nouns/Sustantivos
guard - guardián
manner - manera
peach - durazno

leg - pierna
orchard - huerto
tree - árbol

Adjectives/Adjetivos
angry - enojado/a
crippled - cojo/a
powerful - poderso/a

blind - ciego/a
delicious - delicioso/a

Verbs/Verbos
to climb up - subir
puts - pone
to steal - robar
takes - toma
to use - usar

punished - castigó
raises - levanta
to see - ver
thinks - piensa

Other epressions/Otras expresiones
the best - los mejores
nobody else - nadie más
on the other hand - por
  su parte

following - siguiente
only - solamente
severely - severamente
soon - pronto

EL CONTRABANDISTA

Para evitar el contrabando en la frontera entre México y Guatemala, los policías revisan cuidadosamente a todas las personas que pasan.

Una mañana pasa un joven moreno y simpático en una bicicleta. Encima de la cabeza lleva una cesta llena de pan. Los policías revisan la cesta y el pan y lo dejan pasar.

Por la tarde vuelve el mismo joven en bicicleta; tiene libros en la cesta. Los policías revisan la cesta y los libros y lo dejan pasar.

Al día siguiente vuelve el joven, con la cesta llena de arena. Los policías la revisan y lo dejan pasar.

Durante varios días el joven vuelve. Siempre tiene algo en la cesta pero todo es legal y por eso los policías lo dejan pasar.

Finalmente, un día, un policía no puede aguantar más la curiosidad y le dice:

-Joven, yo sé que usted está haciendo contrabando pero no puedo adivinar qué. Si me dice la verdad, le prometo que no diré nada.

-Es muy simple, señor policía. ¡Estoy contrabandeando bicicletas¡

THE SMUGGLER

In order to avoid smuggling at the border between Mexico and Guatemala, a member of the police carefully checks everyone who goes through.

One morning, a dark, nice young man passes by on a bicycle. On top of his head he carries a basket full of bread. The policemen check the basket and bread and let him go.

In the afternoon the same young man returns on a bicycle; he carries books in the basket. The policemen check the basket and the books and let him pass.

Next day the young man returns, with the basket full of sand. The policemen check it and let him go.

For several days the young man returns. He always has something in the basket but it's completely legal and that's why the policemen let him pass.

Finally, one day, a policeman can't stand it anymore. His curiosity gets the best of him and he says:

"Young man, I know that you are smuggling something, but I cannot guess what. If you tell me the truth, I promise I will not say anything."

"It's very simple, Mr. Policeman. I am smuggling bicycles!"

Vocabulario/Vocabulary

Sustantivos/Nouns
la cabeza - head
el contrabando - smuggling
la frontera - border

la cesta - basket
la curiosidad - curiosity
el/la policía - police person

Adjetivos/Adjectives
llena/o - full

Verbos/Verbs
aguantar - to stand
diré (decir) I will say
haciendo - doing
revisar - to check

contrabandeando - smuggling
evitar - to avoid
prometo - I promise
vuelve (volver) returns

Otras expresiones/Other expressions
dejar (+verbo) - to allow
encima - on top
no puede aguantar (la curiosidad)-
  his curiosity gets the best of him
pasar - to go through

durante - during

Vocabulary/Vocabulario

Nouns/Sustantivos
basket - cesta
curiosity - curiosidad
police(wo/man) policía

border - frontera
head - cabeza
smuggling - contrabando

Adjectives/Adjetivos
full - lleno/a

Verbs/Verbos
to avoid - evitar
doing - haciendo
returns - vuelve
I will say - diré

to check - revisar
smuggling - contrabandeando
promise - prometo

Other expressions/Otras expresiones
to allow - dejar (+verbo)
during - durante
his curiosity gets the best of him -
  no puede aguantar la curiosidad
on top - encima

EL DINERO DEL AVARO

Esta es la historia de un viejo muy avaro. Este hombre amaba tanto su dinero que quería llevárselo con él al otro mundo. Así, antes de morir, llamó a su médico, al cura de la iglesia y a su sobrino y les dijo:

-Yo sé que uno no puede llevarse nada al otro mundo, pero yo quiero llevarme mi dinero. Mis amigos, creo que puedo hacerlo con la ayuda de Uds.

-Nosotros haremos lo posible por ayudarlo - acordaron los tres hombres.

-Excelente. Este es mi plan. En cada uno de estos tres sobres hay cien mil dólares. Hay un sobre para cada uno de Uds. Por favor, tiren el sobre con el dinero encima de mi cajón al enterrarme.

Los tres hombres prometieron cumplir el deseo del avaro. Así, cuando murió, cada uno tiró un sobre encima del cajón. Después del funeral el médico confesó:

-Yo necesitaba dinero para terminar el nuevo hospital y por eso gasté sesenta mil dólares y puse solamente cuarenta mil en el sobre.

El cura dijo:

-Yo necesitaba dinero para terminar el orfanato para niños pobres y por eso gasté cincuenta mil y puse solamente cincuenta mil en el sobre.

El sobrino dijo con una gran sonrisa:

-Pues yo puse los cien mil dólares en el sobre... en cheque.

Vocabulario/Vocabulary

Sustantivos/Nouns

el cajón - coffin
el deseo - wish
la iglesia - church
el orfanato - orphanage
el sobrino - nephew

el cura - priest
el dinero - money
el mundo - world
el sobre - envelope
la sonrisa - smile

Adjetivos/Adjectives

avaro - miserly

Verbos/Verbs

acordaron - agreed
ayudar - to help
cumplir - to fulfill
gasté (gastar) I spent
haremos (hacer) will do
llamó (llamar) called
murió - died
prometieron - promised
puse (poner) I put
sé (saber) I know
tiren (tirar) throw

amaba (amar) loved
confesó - confessed
dijo (decir) said
hacerlo - to do it
llevar - to take
morir - to die
necesitaba (necesitar) I
  needed
quería (querer) wanted
terminar - to finish

Otras expresiones/Other expressions

al enterrarme - when
  they bury me
antes de - before
llevárselo - take it with him

al otro mundo - to the
  other world
para cada uno - for each one

THE MISER'S MONEY

This is the story of a very miserly old man who loved his money so much that he wanted to take it with him to the other world. Thus, before dying, he called his doctor, the local priest and his nephew. He told them:

"I know that one cannot take anything along to the other world, but I want to take my money with me. My friends, I believe that I can do it with your help."

"We certainly will try to help you" -agreed the three men.

"Fine. Here is my plan. In each one of these three envelopes there is one hundred thousand dollars. There is an envelope for each one of you. When they bury me, please throw the envelope with the money on top of my coffin."

The three men promised to fulfill the miser's wish. Thus, when he died, each one threw an envelope on top of the coffin. After the funeral, the doctor confessed:

-I needed money to finish the new hospital and that's why I spent sixty thousand dollars and put only forty thousand in the envelope.

The priest said:

-I needed money to finish the orphanage for poor children and that's why I spent fifty thousand and put only fifty thousand in the envelope.

The nephew said with a big smile.

-I put the whole one hundred thousand in the envelope... in a check.

Vocabulary/Vocabulario

Nouns/Sustantivos

coffin - cajón

envelope - sobre

nephew - sobrino

priest - cura

wish - deseo

church - iglesia

money - dinero

orphanage - orfanato

smile - sonrisa

world - mundo

Adjectives/Adjetivos

miserly - avaro

Verbs/Verbos

agreed - acordaron

confessed - confesó

died - murió

to finish - terminar

I know - sé

to help - ayudar

promised - prometieron

said - dijo

to take - llevar

wanted - quería

called - llamó

to die - morir

to do it - hacerlo

to fulfill - cumplir

loved - amaba

needed, I - necesitaba

put, I - puse

spent, I - gasté

throw - tiren

will do - haremos

Other expressions/Otras expresiones

before - antes de

take it with him - llevárselo

al enterrarme - when they bury me

for each one - para cada uno

to the other world - al otro mundo

EL EMPLEO DE MARCELINO

A Marcelino Cienfuegos le gustan mucho las pizzas. En realidad, adora las pizzas. El dice que puede comer pizza todo el día, todos los días. El está buscando empleo. En el periódico lee el siguiente anuncio:

'Se necesita muchacho para hacer pizzas.

Presentarse a la Pizzería 'Fantástica.'

-¡Fantástico! -piensa Marcelino-. Ahora voy a poder comer pizza todo el día todos los días. Pues, me voy a la "Fantástica!"

El Sr. Villegas, dueño de la pizzería, es un señor simpático y muy observador. Contrata al muchacho. Marcelino está feliz. Ahora puede comer muchas, muchas pizzas.

El lunes, primer día de trabajo, Marcelino llega a la pizzería a las diez de la mañana. Aprende a hacer pizzas. Es listo y aprende rápidamente.

El Sr. Villegas observa que Marcelino come muchas pizzas. Primero come pizza de queso con chorizo; luego con salchichón y pimientos; más tarde con doble queso y hongos; luego otra con jamón, tomates y cebollas; luego otra con anchoas y aceitunas; una más con de todo. El Sr. Villegas observa y no dice nada. De vez en cuando, sonríe un poquito, pero no dice nada.

Es la una de la tarde. Marcelino acaba de comer una pizza de tocino canadiense con piña y tiene un tremendo dolor de estómago. Está casi verde. Tiene muchas náuseas. Corre al baño y pasa allí mucho tiempo. El Sr. Villegas sonríe.

Finalmente Marcelino sale del cuarto de baño y dice al patrón:

-Sr. Villegas, estoy muy enfermo. Necesito ir a mi casa.

-Está bien joven. Regrese usted cuando esté mejor de salud.

Marcelino se va a su casa. Tiene náuseas terribles. Durante tres días está muy, muy enfermo. Finalmente, el jueves, regresa a la pizzería. Cuando está en la puerta de la pizzería huele el queso, los tomates, el jamón, los hongos, el salchichón, los chorizos, las anchoas. ¡Oh, qué náuseas terribles! Dice:

-¡Ay, no puedo aguantar este olor tan horrible! ¡Odio la pizza!

Marcelino no puede entrar en la pizzería. Pero necesita dinero para pagar la renta. Se tapa la nariz con dos dedos y sin respirar, entra en la pizzería. El Sr. Villegas sonríe y dice:

-¡Bienvenido Marcelino! ¿Está usted mejor?

-Sí, Sr. Villegas, creo que sí- contesta Marcelino más muerto que vivo.

-Pues, tenemos muchos pedidos de pizza. ¡Adelante!

Marcelino hace muchas pizzas. El Sr. Villegas
está muy contento con él porque el muchacho
trabaja bien, muy rápidamente y nunca come ni un
pedazo de pizza! ¡Un trabajador excelente y muy,
muy económico!

Vocabulario/Vocabulary

Sustantivos / Nouns

la aceituna - olive
las anchoas - anchovies
la cebolla - onion
el empleo - job
las náuseas - nausea
el patrón - boss, owner
el periódico - newspaper
el salchichón - pepperoni
el tocino - bacon

el anuncio - ad
el baño - bathroom
el chorizo - sausage
el hongo - mushroom
el olor - smell
el pedido - order
la renta - rent
la salud - health

Adjetivos y Adverbios

casi - almost
listo/a - smart
rápidamente - quickly

enfermo/a - sick, ill
mejor - better
tan - so

Verbos / Verbs

adora (adorar) - he adores
buscando (buscar) - looking for
dice (decir) - says
observa (observar) observes
respirar - to breathe
sonríe (sonreír) - s/he smiles
me voy - I am going

aprende (aprender) learns
contrata (contratar) hires
huele (oler) smells
odio (odiar) - I hate
se tapa (taparse) covers
voy a poder - I am going to
 be able

Otras expresiones / Other expressions

adelante - come in!
de todo - everything
todo el día - all day long
ni un pedazo -not even a slice
se necesita muchacho - young
 man wanted

tener náuseas - to be nauseated

bienvenido/a - welcome
más muerto que vivo - more
 dead than alive
¡no puedo aguantar! - I
 can't stand
tener dolor de estómago - to
 have a stomach ache
todos los días - every day

MARCELINO'S JOB

Marcelino Cienfuegos likes pizza very much. More precisely, he adores pizza. He says that he could eat pizza all day long, every day. He is looking for a job. In the newspaper he reads the following ad:

'Young man wanted to make pizzas at 'Fantastic' Pizza Parlor.

"Fantastic!" -thinks Marcelino-. " Now I am going to be able to eat pizza all day long, every day. So, I'm going to "Fantastic" Pizza Parlor."

Mr. Villegas, owner of the pizza parlor, is a nice and very observant gentleman. He hires the young man. Marcelino is happy. Now he can eat, many, many pizzas.

On Monday, first day of work, Marcelino arrives at the pizza parlor at ten in the morning. He learns to make pizzas. He is smart and he learns very fast.

Mr. Villegas notices that Marcelino eats many pizzas. First he eats a cheese and sausage pizza; then one with pepperoni and pepper; a bit later, one with double cheese and mushrooms; then another with ham, tomatoes and onions; then one with anchovies and olives; one more with everything... Mr. Villegas observes and says nothing. Once in a while, he smiles a little bit, but he doesn't say anything.

It's one o'clock. Marcelino has just eaten a Canadian bacon and pineapple pizza and he has a tremendous stomachache. He is almost green. He is nauseated. He runs to the bathroom and spends a long time there. Mr. Villegas simply smiles.

Finally Marcelino comes out of the bathroom and says to his boss:

"Mr. Villegas, I am very ill. I need to go home."

"Fine, young man. Come back when you feel better."

Marcelino goes home. He is terribly nauseated. For three days he is ill, very ill. Finally, on Thursday, he returns to the pizza parlor. When he is at the door of the pizza parlor he smells cheese, tomatoes, ham, mushrooms, pepperoni, sausages, and anchovies. Oh, what terrible nausea!

"Ugh, I can't stand this terrible smell! I hate pizza!" - he says.

Marcelino cannot go inside the pizza parlor. However, he needs money to pay rent. He holds his nose with two fingers and without breathing, he enters into the pizza parlor. Mr. Villegas smiles and says:

"Welcome Marcelino! Are you feeling better?"

"Yes, Mr. Villegas, I think so. " - Answers Marcelino more dead than alive.

"Well, we have many pizza orders. Come in!"

Marcelino makes many pizzas. Mr. Villegas is very happy with him because the young man works well, quickly and never eats even a single slice of pizza! An excellent worker, and very, very economical!

Vocabulary/Vocabulario

Nouns/Sustantivos

ad - anuncio
bacon - tocino
boss - patrón
job - empleo
newspaper - periódico
onion - cebolla
pepperoni - salchichón
sausage - chorizo

anchovies - anchoas
bathroom - baño
health - salud
mushroom - hongo
olives - aceitunas
order - pedido
rent- renta, alquiler
smell - olor

Adjectives/Adjetivos

almost - casi
sick - enfermo/a
so - tan

better - mejor
smart - listo/a
quickly - rápidamente

Verbs/Verbos

to breathe - respirar
hires - contrata
learns - aprende
loves - adora
observes - observa
smells - huele

covers - se tapa
I am going to be able -
    voy a poder
looking for - buscando
says - dice
smiles - sonríe

Other expressions -/Otras expresiones

all day long - todo el día
come in! - adelante
more dead than alive - más
    muerto que vivo
to be nauseated - tener náuseas
welcome - bienvenido/a
to hold one's nose - taparse
    la nariz

everything - de todo
I can't stand - no puedo
    aguantar
stomach ache - tener dolor
    de estómago
young man wanted - se
    necesita muchacho

131

LA LENGUA DIVINA

Los dioses del Olimpo están creando un nuevo universo. Todos trabajan mucho en esta importante tarea. Júpiter, rey de los dioses, da una gran fiesta para escuchar el progreso del trabajo.

Primero habla Neptuno. Dice:

-Gran señor, ahora tenemos agua en los mares, ríos y lagos.

-Excelente amigo Neptuno. Muy buena idea. El agua es muy importante.

Luego habla Juno:

-Mi esposo y señor, ahora tenemos cielo.

-Maravillosa idea, señora mía. El cielo es muy importante.

Enseguida habla Vesta:

-Y también tenemos fuego.

-Espléndido, dulce señora.

Hablan Vulcano y Hércules:

-Y también hay sol, luna y estrellas

-Muy bien, amigos míos, muy bien.

Cuando todos los dioses terminan de hablar de sus magníficos trabajos, un pequeño dios menor dice modestamente:

-Y yo soy responsable por un hermoso jardín para Ud. y su esposa. Este jardín se llama España.

-¡Qué buena idea! Me gustan mucho los jardines -dice Juno.

-Sí, a mí también me gustan -dice Júpiter-. Pues, vamos a hacer el jardín más bonito del mundo.

-¡Qué buena idea! Me gustan mucho los jardines -dice Juno.

-Sí, a mí también me gustan -dice Júpiter-. Pues, vamos a hacer el jardín más bonito del mundo.

-Oh sí -dice Juno-. Yo le doy un cielo muy, muy azul.

-Y yo, un clima perfecto -dice Eolo.

-Y yo, las mujeres más hermosas -dice Venus.

-Y yo, los hombres más valientes -dice Marte.

-Y yo, muchos minerales -dice Mercurio.

-Y yo, un mar maravilloso -dice Neptuno.

-Y yo, gente llena de amor y pasión -dice Cupido.

Finalmente, habla el gran dios Júpiter que dice:

-Y yo decreto que el idioma oficial de los dioses es el español.

Y es por eso que el español -según los españoles- es la lengua divina. Y este es el origen del siguiente proverbio:

'Habla a dios en español, al hombre en francés y a tu caballo en inglés.'

Vocabulario/Vocabulary

Sustantivos/Nouns
el caballo - horse
el clima - weather
el fuego - fire
el jardín - garden
el mar - sea
el río - river
el trabajo - job, work

el cielo - sky
el dios - god
el idioma - language
el lago - lake
el mundo - world
la tarea - task
el universo - universe

Adjetivos/Adjectives
dulce - sweet
maravilloso/a - marvelous
primer/o - first

magnífico/a - magnificent
menor - younger, minor

Verbos/Verbs
creando - creating
decreto - decree
terminan - finish

da (dar) - gives
escuchar - to listen

Otras expresiones/Other expressions
enseguida - immediately
modestamente - humbly
¡qué buena idea! - good idea!

THE DIVINE LANGUAGE

The Olympic gods are creating a new universe. They all work very hard on this important task. Jupiter, king of the gods, throws a big party to hear about the progress of the job.

Neptune speaks, first. He says:

"Great Lord, now we have water in the seas, rivers and lakes."

"Excellent job, Neptune, my friend. Excellent idea. Water is very important."

Then speaks Juno:

"My lord and husband, now we have a sky."

"Marvelous idea, my lady. Sky is very important."

Vesta speaks immediately afterwards:

"And we also have fire."

"Splendid, sweet lady."

Vulcan and Hercules speak:

"And there are also sun, moon and stars."

"Very well, my friends, very well."

When all the gods finish speaking about their wonderful tasks, a small, minor god says humbly:

"And I am responsible for a lovely garden for you and your wife. This garden is called Spain."

"What an excellent idea! I like gardens very much" -says Juno.

"Yes, I like them too" -says Jupiter-. "Well, let's make the prettiest garden in the world."

"Oh, yes" -says Juno-. "I'll give it a very, very blue sky.

"And I, perfect weather" -says Eolo.

"And I, the most beautiful women" -says Venus.

"And I, the bravest men" - says Mars.

"And I, many minerals" - says Mercury.

"And I, a marvelous sea" -says Neptune.

"And I, people full of love and passion" -says Cupid.

Finally, the great god Jupiter speaks and says:

"And I decree that the official language of the gods is Spanish."

And that is why Spanish -according to the Spaniards- is the divine tongue. This is the origin of the following proverb:

'Speak to God in Spanish, to man in French, and to your horse in English.'

Vocabulary/Vocabulario

Nouns/Sustantivos

fire - fuego
god - dios
job - trabajo
language - idioma
sea - mar
task - tarea
weather - clima

garden - jardín
horse - caballo
lake - lago
river - río
sky - cielo
universe - universo
world - mundo

Adjectives/Adjetivos

first - primero/a
marvelous - maravilloso
minor - menor

magnificent - magnífico/a
sweet - dulce

Verbs/Verbos

creating - creando
finish - terminan
to listen - escuchar

decree - decreto
gives - da

Other expressions/Otras expresiones

good idea! - qué buena idea!
humbly - modestamente
immediately - enseguida

¡PÁGAME!

Hace mucho, mucho tiempo, la garza, el gato y la zarza eran muy buenos amigos. Pasaban mucho tiempo juntos y hablaban frecuentemente sobre dinero, porque ellos eran muy pobres.

Un día tuvieron la suerte de encontrar un hermoso collar de oro con un bellísimo y valioso rubí. Lo vendieron y luego compraron una granja.

La garza sembró y cosechó mucha paja. Pensaba venderla en el mercado. Por desgracia, esa noche sopló un viento tan fuerte que se llevó la paja al río. Desde entonces la pobre garza está siempre en la orilla de los ríos y grita:

-¡Págame mi paja!

El gato sembró y cosechó mucha avena y la puso en el granero. Pero esa noche sopló un viento tan fuerte que los ratones vinieron al granero y se comieron toda la avena. Por eso el gato siempre corre detrás de los ratones y grita:

-¡Págame mi avena!

La zarza sembró y cosechó mucho trigo y lo llevó al mercado. Lo vendió pero nadie le pagó. Por eso siempre se agarra a todas las personas que pasan y grita:

-¡Págame mi trigo!

Vocabulario/Vocabulary

Sustantivos/Nouns
la avena - oats
la garza - flamingo
el granero - barn
la orilla - bank
el rubí - ruby
el trigo - wheat
la zarza - bramble bush

el collar - necklace
el gato - cat
la granja - farm
la paja - straw
el tiempo - time
el viento - wind

Adjetivos/Adjectives
bellísimo - beautiful
valioso - valuable

fuerte - strong

Verbos/Verbs
agarra - grabs
cosechó (cosechar) -
  harvested
págame - pay me!
pasaban (pasar) they spent
sembró - sowed

sopló (soplar) blew
vendieron (vender) sold

comieron - ate
eran (ser) - were
grita - yells, screams
pagó - paid
pensaba (pensar) thought
se llevó (llevarse) -
  took away
vender - to sell
vinieron (venir) came

Otras expresiones/Other expressions
desde entonces - from then on
por desgracia - unfortunately
tuvieron la suerte - they had the good fortune

140

PAY ME!

Many years ago, the flamingo, the cat and the bramble bush were very good friends. They spent a lot of time together. They frequently spoke about money because they were very poor.

One day they had the good fortune of finding a beautiful gold necklace with a lovely and valuable rubi. They sold it and then bought a farm.

The flamingo sowed and harvested a lot of straw. She thought she could sell it at the market. Unfortunately, that evening, a very strong wind blew the straw away and carried it to the river. Since then, the poor flamingo is always at the bank of the rivers screaming:

"Pay me for my straw!"

The cat sowed and harvested a lot of oats and he put them in the barn. However, that evening, a very strong wind blew and all the mice came to the barn and ate all the oats. That's why the cat is always running behind mice while he yells:

"Pay me for my oats!"

The bramble bush sowed and harvested much wheat and he carried it to market. He sold it but nobody paid him. That's why he is always grabbing all the people who go by while he screams:

"Pay me for my wheat!"

Vocabulary/Vocabulario

Sustantivos/Nouns
bank - bank

bramble bush - zarza

farm - granja

necklace - collar

straw - paja

wind - viento

barn - granero

cat - gato

flamingo - garza

ruby- rubí

time - tiempo

wheat - trigo

Adjectives/Adjetivos
beautiful - bellísimo

valuable - valioso

strong - fuerte

Verbs/Verbos
ate - comieron

came - vinieron

harvested - cosechó

paid - pagó

screams - grita, yells

sowed - sembró

thought - pensaban

blew - sopló

grabs - agarra

were - eran

pay me! págame

spent - pasaban (tiempo)

sold - vendieron

took away - se llevó

Other expressions/Otras expresiones
from then on - desde entonces

together - juntos

they had the good fortune - tuvieron la suerte

por desgracia - unfortunately

EL SALTAMONTES

La diosa de la aurora se llama Eos y es la madre de los cuatro vientos. Cuando se levanta por la mañana para anunciar la llegada del nuevo día, toda la naturaleza se despierta. Todo se cubre de luz y los pájaros cantan sus canciones.

Una mañana Eos vio a un príncipe guapísimo. Era tan hermoso que la diosa se enamoró de él. Sin embargo, había un problema muy serio. Los dioses no mueren, mientras que los mortales viven poco tiempo. ¿Qué hacer?

Eos se fue a ver a Zeus, el padre de los dioses. Después de mucho hablar, el gran dios se conmovió y concedió vida eterna al joven príncipe.

La diosa y el príncipe vivieron felices por muchos años. Por desgracia, Eos había olvidado pedir eterna juventud para su guapo esposo. Con los años, el príncipe se puso muy viejo y muy débil, pero no podía morir porque tenía vida eterna.

La voz del pobre príncipe se convirtió en un chirrido. Continuó encogiéndose y se puso tan pequeñito que Eos lo tenía en una cestita que guardaba en un rincón del palacio. En ese oscuro rincón el príncipe se encogió hasta que quedó convertido en un saltamontes, condenado a chirriar para siempre.

Vocabulario/Vocabulary

Sustantivos/Nouns

la aurora - dawn
la cesta - basket
la diosa - goddess
la luz - light
los pájaros - birds
el rincón - corner
la voz - voice

la canción - song
el chirrido - squeal, squawk
la juventud - youth
la llegada - arrival
el palacio - palace
el saltamontes - grasshopper

Adjetivos/Adjectives

débil - weak
guapísimo - gorgeous

eterno/a - eternal
oscuro - dark

Verbos/Verbs

anunciar - announce
condenado - condemned
había olvidado - had forgotten
pedir - to ask for
quedó - became
se convirtió - turned into
se encogió - shrank
se levanta - gets up
tenía - had

cantan - sing
había - there was
mueren - die
podía - could
se conmovió -was moved
se cubre - covers
se despierta - wakes up
se puso - became
vio (ver) saw

Otras expresiones/Other expressions

hasta - until
poco tiempo - a short time

mientras - whereas
sin embargo - however

THE GRASSHOPPER

The goddess of dawn is called Eos. She is the mother of the four winds. When she rises in the morning to announce the arrival of a new day, the whole of nature awakens. Everything is covered with light and birds sing their songs.

One morning Eos saw a gorgeous prince. He was so handsome that she fell in love with him. However, there was a very serious problem. Gods do not die, whereas mortals live for a short time. What could she do?

Eos went to see Zeus, the father of the gods. After much discussion, the great god felt moved and gave eternal life to the young prince.

The goddess and the prince lived happily for many years. Unfortunately, Eos had forgotten to request eternal youth for her handsome husband. As years went by, the prince became very old and weak. He could not die because he had eternal life.

The voice of the unfortunate prince became a squeal. He began shrinking and became so tiny that Eos had to keep him in a little basket which she placed in a corner of their palace. In that dark corner the prince shrank until he turned into a grasshopper, condemned to chirp forever.

Vocabulary/Vocbulario

Nouns/Sustantivos

arrival - llegada
birds - pájaros
chirp - chirrido
goddess - diosa
light - luz
song - canción
youth - juventud

basket - cesta
corner - rincón
dawn - aurora
grasshopper - saltamontes
palace - palacio
voice - voz

Adjectives/Adjetivos

dark - oscuro/a
gorgeous - guapísimo

eternal - eterno/a
weak - débil

Verbs/Verbos

announce - anunciar
became - se puso, quedó
could - podía
die - mueren
had - tenía
request - pedir
saw - vio
sing - cantan
turned into - se convirtió
was moved - se conmovió

awakens - despierta
condemned - condenado
covers - se cubre
gets up - se levanta
had forgotten -había olvidado
rises - se levanta
shrank - se encogió
there was - había
wakes up - se despierta

Other expressions/Otras expresiones

a short time - poco tiempo
until - hasta

however - sin embargo
whereas - mientras

148

LA APUESTA

Juan Bobo tiene fama de tonto y por eso la gente trata de aprovecharse de él.

Un día entra en una tienda y el tendero lo reconoce. Muy contento, porque piensa que va a venderle cualquier basura, le pregunta:

-¿Qué desea señor?

-No creo que Ud. tenga lo que necesito.

-Pues le apuesto treinta pesos a que sí lo tengo.

-Esta bien. Necesito anteojos para mi gato.

El tendero no tiene anteojos para gatos. Entonces tiene que pagarle a Juan Bobo los treinta pesos. Para vengarse, el tendero llama a otro tendero y le dice:

-Amigo, atención, que ese tonto de Juan Bobo está yendo a su tienda. Hágale una apuesta por cien pesos de que tiene lo que él está buscando. El quiere anteojos para su gato. Mándelos hacer. Ahora, con los cien pesos, Ud. paga veinte por los anteojos, cuarenta para Ud., y cuarenta para mí.

-Bueno, corro a conseguir los anteojos - dice el segundo tendero.

Cuando Juan Bobo entra en la tienda, el tendero le pregunta:

-¿En qué puedo servirlo, señor?

-Dudo que Ud. tenga lo que necesito - contesta Juan Bobo.

-Y yo le apuesto cien pesos a que sí lo tengo.

-Bueno. Necesito zapatillas de taco alto para mi vaca.

Y así Juan Bobo volvió a su rancho con ciento treinta pesos.

Vocabulario/Vocabulary

Sustantivos/Nouns
los anteojos - eye glasses
la basura - junk
la gente - people
la zapatilla - women's shoes

la apuesta - bet
la fama - reputation
el tendero - shop owner

Adjetivos/Adjectives
bobo - dumb

tonto - dumb

Verbos/Verbs
apuesto - I bet
hágale - make him
tenga (tener) that you
  may have
volvió (volver) returned

dudo - I doubt
necesito - I need

vengarse - avenge
yendo (ir) - going

Otras expresiones
atención - attention
  ningún - any
¿qué desea? - may I help you?
trata de aprovecharse - tries
  to take advantage

mándelos hacer - have
  them made
taco alto - high heel

THE BET

John the Simple has a reputation for being a fool and that's why people try to take advantage of him.

One fine day John walks into a store and is recognized by the owner who feels happy. He thinks he is going to sell some junk to John the Simple.

"Can I help you, sir?"

"I don't think you have what I need."

"I bet you thirty pesos that I do."

"Fine. I need eyeglasses for my cat."

The shop owner does not have cat's eyeglasses. He has to pay John thirty pesos. In order to avenge himself, the shop owner calls another shop owner and tells him:

"My friend, attention! That silly man, John the Simple, is on his way to your store. Make him a bet for one hundred pesos that you have what he is looking for. He wants eyeglasses for his cat. You have them made for twenty pesos. Now, with the one hundred pesos John will pay you, you get back your twenty pesos, you keep forty for yourself and you give me forty."

"Fine! I am running to get the eyeglasses made" - says the second shop owner.

When John the Simple walks into the store, the shop owner asks him:

"How can I help you, sir?"

"I doubt that you have what I need" -says John the Simple.

"And I bet you one hundred pesos that I do."

"Fine. I need high heel shoes for my cow."

And that's how John the Simple returned to his ranch with one hundred and thirty pesos.

Vocabulary/Vocabulario

Nouns/Sustantivos
bet - apuesta
junk - basura
people - gente
women's shoes - zapatillas

eye glasses - anteojos
reputation - fama
shop owner - tendero

Adjectives/Adjetivos
dumb - bobo, tonto

second - segundo

Verbs/Verbos
avenge - vengarse
I doubt - dudo
I need - necesito
make him - hágale

I bet - apuesto
going - yendo
returned - volvió
that you may have - tenga

Otras expresiones/Other expressions
attention - atención
high heel - taco alto
may I help you? - ¿qué desea?

any - ningún
have them made - mándelos hacer
trata de aprovecharse - tries to take advantage

LA CASA QUE JUAN CONSTRUYÓ

Juan Quintana es ingeniero constructor. El es muy ambicioso; quiere llegar a ser rico lo más pronto posible. Necesita mucho dinero porque su novia, Mónica Sandoval, es una muchacha mimada y sofisticada, hija de un hombre riquísimo, dueño de una poderosa compañía de bienes raíces.

Los novios desean casarse pronto pero Juan todavía no tiene suficiente dinero para construir una casa digna de Mónica. Por suerte, su futuro suegro, el Sr. Sandoval, decide darle una oportunidad única.

Esta oportunidad es fantástica: el Sr. Sandoval quiere hacer una casa elegante en un terreno magnífico. Luego piensa venderla y ganar mucho dinero. Juan la va a construir y recibirá un salario muy alto.

Juan se siente feliz. Los planos, diseñados por el mejor arquitecto, son perfectos. Juan trabaja muy duro y la construcción de la elegantísima casa comienza.

Todos dicen que la casa es una maravilla y que Juan es muy listo. Pero nadie sabe que esta casa carísima está construida con materiales malísimos, de la peor calidad, que Juan compra muy baratos. Luego pasa cuentas al Sr. Sandoval por materiales de primera clase. De esta manera, Juan está ahorrando mucho dinero para su boda.

Llega el día cuando Juan entrega las llaves de la casa terminada al Sr. Sandoval. El caballero está muy contento y dice:

-Pues bien, Juan, mi futuro yerno. Ahora puedo confesarle que esta hermosa casa es mi regalo de bodas para Ud. y mi Moniquita.

Juan se siente completamente abrumado, pero no puede decir nada.

Una vez casados, él y su esposa viven en la casa que Juan construyó. En el verano la casa es tan caliente como un horno y en el invierno tan fría como un refrigerador.

Los estantes de la cocina se están cayendo y los artefactos no funcionan.

El dormitorio es peligroso por las corrientes de aire. Juan y su esposa están constantemente resfriados.

El plomero se está volviendo rico porque pasa muchas horas cada mes arreglando el cuarto de baño.

Las paredes del comedor se están derrumbando.

Cuando llueve, el ruido de las numerosas goteras del techo son como la risa de un diablito malicioso que se burla del ambicioso Juan Quintana y de la casa que él construyó.

Vocabulario/Vocabulary

Sustantivos/Nouns

los artefactos - appliances
el baño - bathroom
la boda - wedding
el comedor - dining room
la cuenta - bill
el dormitorio - bedroom
el estante - shelf
el horno - oven
las llaves - keys
los planos - blueprints
el regalo - present
el ruido - noise
el techo - roof
el yerno - son-in-law

el arquitecto - architect
los bienes raíces - real estate
la cocina - kitchen
la corriente de aire - draft
el diablito - little devil
el dueño - owner
la gotera - leak
el ingeniero - engineer
las paredes - walls
el plomero - plumber
la risa - laughter
el suegro - father-in-law
el terreno - lot

Adjetivos/Adjectives

abrumado/a - overwhelmed
barata/o - cheap
carísima - very expensive
digna/o - worthy
magnífico/a - magnificent
mimada - spoiled
poderosa - powerful

ambicioso - greedy
caliente - hot, warm
constructor - builder
listo/a - smart
malicioso/a - mocking
peligroso - dangerous
terminado/a - finished

Verbos/Verbs

ahorrar - to save
construir - to build
derrumbando - collapsing
diseñados - drawn
ganar - to earn
llueve - it rains
se siente - feels
volverse rico - become rich

arreglando - fixing
construyó - built
derrumbar - to tear down
funcionar - to function/work
llegar a ser - to become
recibirá - will receive
se va levantando - starts
   going up

Otras expresiones/Other expressions

de esta manera - in this way
lo más pronto posible - as
   soon as possible
suficiente - enough
una vez casados - once
   married
resfriado/a - to have a bad cold

de primera clase - first class
peor - worst
por suerte - luckily
una maravilla - a marvelous
   thing
única/o - unique

157

THE HOUSE THAT JACK BUILT

Jack Quinn is a building engineer. He is very greedy; he wants to become rich as soon as possible. He needs a lot of money. His fiancée, Monique Sands, is a spoiled and sophisticated young woman, the daughter of a very rich man, who owns a powerful real estate company.

The couple desire to marry soon, but Jack does not have enough money yet to build a house worthy of Monique. Fortunately, his future father-in-law, Mr. Sands, decides to give him a unique opportunity.

This is a fantastic break: Mr. Sands wants to build an elegant house on a magnificent lot. Then he intends to sell it and make a lot of money. Jack is going to build it and will receive a very high salary.

Jack is quite happy. The blueprints, drawn by the best architect, are perfect. Jack works very hard and the construction on the extremely elegant house begins.

Everybody says that the house is marvelous and that Jack is very smart. But nobody knows that this very expensive house is built with materials of the worst quality, which Jack buys cheaply. He then bills Mr. Sands for first-class materials. In this way, Jack is saving up a lot of money for his wedding.

The day arrives when Jack hands Mr. Sands the keys to the finished house. The gentleman is very happy and says:

"Well, Jack, my future son-in-law. Now I can confess that this beautiful house is my wedding present to you and my little Monique."

Jack is completely overwhelmed. However, he cannot say anything.

Once married, he and his wife live in the house that Jack built. In the summer the house is as warm as an oven and in the winter as cold as a refrigerator.

The kitchen shelves are falling down and the appliances do not work.

The bedroom is dangerously drafty. Jack and his wife have bad colds constantly.

The plumber is getting rich because he spends many hours each month fixing the bathroom.

The walls of the dining room are coming down.

When it rains, the noise of the numerous roof leaks are like the laughter of a wicked little devil, mocking greedy Jack Quinn and the house he built.

Vocabulary/Vocabulario

Nouns/Sustantivos

appliances - artefactos
bathroom - baño
bill - cuenta
devil - diablo
draft - corriente de aire
father-in-law - suegro
laughter - risa
lot - terreno
owner - dueño
plumber - plomero
real estate - bienes raíces
shelf - estante
walls - paredes

architect - el arquitecto
bedroom - dormitorio
blueprints - planos
dining room - comedor
engineer - ingeniero
keys - llaves
leak - gotera
oven - horno
noise - ruido
present - regalo
roof - techo
son-in-law - yerno
wedding

Adjectives/Adjetivos

builder - constructor
cheap - barato/a
dangerous - peligroso/a
greedy - ambicioso/a
magnificent - magnífico/a
overwhelmed - abrumado/a
smart - listo/a
worthy - digna

cold - fría/o
expensive - caro/a
finished - terminado/a
hot - caliente
mocking - malicioso/a
powerful - poderoso/a
spoiled - mimada/o

Verbs/Verbos

become - llegar a ser
build - construir
collapsing - derrumbando
feels - se siente
function - funcionar
feels - se siente
it rains - llueve

become rich - volverse rico
built - construyó
drawn - diseñados
fixing - arreglando
earn - ganar
fixing - arreglando
to save - ahorrar
will receive - recibirá

Other expressions/Otras expresiones

a marvelous thing - una
  maravilla
enough - suficiente
luckily - por suerte
unique - única/o
worst - peor

as soon as possible - lo más
  pronto posible
first class - de primera clase
once married - una vez
  casados

160

CUCHARA DE PALO

En un pueblito aburrido y caluroso vivían una anciana y su nieta, Anita. Eran pobrísimas; la abuela trabajaba duramente para conseguir dinero para el alquiler de la casa, las frugales comidas, y un poco de ropas baratas. La nieta, por su parte, era una excelente estudiante en la escuela pública local.

Por esa época, los Estados Unidos mandaba algunas comidas de regalo a las escuelas de América Latina. En la escuela de Anita daban a los niños avena con leche todos los días. Sin embargo, la escuela también era pobre, y por eso los niños tenían que traer su propia cuchara y tazón.

La mayoría de los niños traían tazones de porcelana y cucharas de metal o plata. Solamente Anita traía un viejo tazón de barro desportillado y una cuchara de palo. Los otros niños se reían y burlaban de ella. Desde entonces empezaron a llamarla "Cuchara de Palo."

Anita sufría. Muchas veces llegaba llorando a su casa. Ya no quería volver a la escuela. Pero su abuelita la sentaba en sus rodillas y le decía:

-Anita, soy pobre, pero quiero regalarte algo muy valioso: el secreto de como triunfar.

'Nada sobrepasa a la persistencia.
El talento no la iguala: el mundo está lleno de fracasados de mucho talento.

El genio tampoco: muchos genios nunca fueron reconocidos.
La educación tampoco: hay muchos fracasados con títulos de doctores.
Sólo la persistencia y la determinación son omnipotentes.'

Anita repetía estas palabras cuando los niños se burlaban de ella o cuando no tenía ganas de estudiar o practicar los varios deportes que estaba aprendiendo. Aunque le encantaba practicar carrera, salto alto y largo, lanzamiento de disco y acrobacia, a veces estaba cansada. Las palabras mágicas le daban nuevas energías.

Pasaron unos años. Un día, toda la gente del pueblo, se presentó a las puertas de la humilde casa de "Cuchara de Palo." Traían muchos regalos.

El Sr. Alcalde les regaló una docena de cucharas de plata.
El Sr. Abogado les trajo tenedores de cobre.
La Srta. Bibliotecaria les regaló cuchillos de metal fino.
El Sr. Juez les dio cucharas y cucharillas inoxidables.
La Sra. Médica les dio doce platos de porcelana muy fina.
La Srta. Bailarina les trajo manteles y servilletas finos.
El Sr. Cantante les dio floreros y candelabros italianos.
La Sra. Comerciante les trajo vasos de cristal de Bohemia.

¿Por qué tantos regalos exquisitos? Pues, porque Anita, ex-"Cuchara de Palo," había ganado cinco medallas de oro en los Juegos Olímpicos Internacionales por carrera, salto alto y largo, lanzamiento de disco y acrobacia. Su abuelita tenía razón: *'Nada sobrepasa a la persistencia.'*

Vocabulario/ Vocabulary

Sustantivos/Nouns

la acrobacia - gymnastics
el alcalde - mayor
la bailarina - dancer
el candelabro - candle holder
la carrera - running
el/la comerciante -
  business person
el cuchillo - knife
el deporte - sport
el juez - judge
el mantel - tablecloth
la nieta - granddaughter
la plata - silver
el tazón - bowl
el título - title

la abuela - grandma
el alquiler - rent
la bibliotecaria - librarian
el cantante - singer
el cobre - copper
la cuchara - spoon
la cucharilla - teaspoon
la copa - glass
el fracasado - failure
la magia - magic
la medalla - medal
la persistencia - persistence
el salto - jump
el tenedor - fork

Adjetivos/Adjectives

aburrido /a- boring
cansada/o - tired
de palo - wooden
humilde - humble
pobrísima - very poor

anciana/o - old wo/man
caluroso/a - warm
desportillado - chipped
inoxidable - stainless
reconocido/a - rewarded

Verbos/Verbs

aprendiendo - learning
conseguir - to get
encantaba - loved
iguala - equals
llorando - crying
se reían - laughed
sufría - suffered
trajo - brought
vivían - lived

burlaban - made fun of
daban - gave
empezaron - began
llegaba - arrived
mandaba - sent
sobrepasar - to surpass
traían - brought
triunfar - to succeed

Otras expresiones/Other expressions

la mayoría - most
por esa época - at that time
por otro lado - on the other hand

desde entonces - since then
sin ganas - uninspired

WOODEN SPOON

In a boring and warm little town lived a very poor old woman and her granddaughter, Annie. The old lady worked hard to get money for the rent, the frugal meals, and a few cheap clothes. Annie, on the other hand, was an excellent student at the local public school.

At that time, the United States was sending some food as gifts to Latin American schools. At Annie's school, they used to give oats and milk to the children every day. However, the school was also quite poor, and that's why the students had to bring their own bowls and spoons.

Most of the children brought china bowls and metal or silver spoons. Only Annie used to bring an old, chipped clay bowl and a wooden spoon. The kids would laugh and make fun of her. Since then, they began calling her "Wooden Spoon."

Annie hurt. Many times she would arrive home crying. She no longer wanted to go to school. But her grandma would say:

"Annie, I am poor, but I want to give you a priceless gift-- the secret of success."

> *Nothing can take the place of persistence.*
> *Talent will not: there are millions of unsuccessful men*
> *with talent.*

Genius will not: there are many unrewarded and unknown geniuses.
Education will not: the world is full of failures with doctoral degrees.
Persistence and determination alone are omnipotent.'

Annie would repeat these words when her classmates made fun of her. She would also repeat them when she didn't feel like studying or practicing the several sports she was learning. Even though she loved running, the high- and long-jump, discus and gymnastics, sometimes she felt tired. The magical words gave her new energy.

A few years went by. One day, all the townspeople presented themselves to the humble abode of "Wooden Spoon," bringing many gifts:

Mr. Mayor gave them a dozen silver spoons.
Mr. Attorney brought them copper forks.
Mrs. Librarian presented them with fine metal knives.
Mr. Judge gave them stainless steel soup and dessert spoons.
Mrs. Doctor gave them twelve dishes of fine bone china.
Mrs. Ballerina brought them fine tablecloths and napkins.
Mr. Singer gave them Italian vases and candle holders.
Mrs. Businesswoman brought them glasses of Bohemian crystal.

Why so many exquisite presents? Well, Annie, ex-"Wooden Spoon," had won five gold medals in the International Olympic Games for running, high- and long-jump, discus and gymnastics. Her grandma was right:

'Nothing can take the place of persistence.'

Vocabulary/Vocabulario

Nouns/Sustantivos
ballerina - bailarina
bowl - tazón
candle holder - candelabro
failure - fracasado/a
glass - copa
grandma - abuela
judge - juez
knife - cuchillo
magic - magia
medal - medalla
rent - alquiler
silver - plata
spoon - cuchara
tablecloth - mantel
title - título

business person -el/la
  comerciante
copper - cobre
fork - tenedor
grandaughter - nieta
gymnastics - acrobacia
jump - salto
librarian - bibliotecaria
mayor - alcalde
persistence - persistencia
running - carrera
singer - cantante
sport - deporte
teaspoon - cucharilla

Adjectives/Adjetivos
boring - aburrido
chipped - desportillado
old wo/man - anciana/o
stainless - inoxidable
warm - caluroso

carved - tallado/a
humble - humilde
rewarded - renocido/a
very poor - pobrísimo/a
wooden - de palo

Verbos/Verbs
arrived - llegaba
brought - trajo, traían
equals - iguala
to get - conseguir
learning - aprendiendo
loved - encantaba
sent - mandaba
suffered - sufría

began - empezaron
crying - llorando
gave - daban
laughed - se reían
lived - vivían
made fun of - burlaban
to succeed - triunfar
to surpass - sobrepasar

Other expressions/Otras expresiones
at that time - por esa época
most - la mayoría
on the other hand - por otro lado

desde entonces - since then

uninspired - sin ganas

LOS REYES IGNORANTES

Había una vez dos reyes muy ignorantes. Sabían mucho de guerra pero poco de lectura y escritura. Así, un día el rey Bobo escribió al rey Tonto:

> *Le ruego enviarme una espada con mango de oro, o si no...*

Cuando el rey Tonto leyó este mensaje se enojó y contestó:

> *No tengo ninguna, pero si la tuviera...*

Cuando el rey Bobo leyó esta respuesta se enojó muchísimo y sin pensarlo dos veces declaró guerra al rey Tonto. Así, los dos reyes se pusieron a pelear. La guerra duró varios meses y muchos soldados murieron. Por fin, un hombre sabio y muy letrado consiguió reunir a los dos reyes para ver si podían firmar la paz. Primero preguntó al rey Bobo:

-¿Qué le escribió usted en su carta al rey Tonto?

-Que me mande una espada con mango de oro, *o si no...*

-Eso, eso mismo me escribió -saltó muy enojado el rey Tonto- *o si no...* claro, que me pensaba matar.

-¡No es verdad! Yo quería decir o si no, otra espada con mango de cualquier metal - respondió el rey Bobo.

-¡Caramba! ¿por qué no lo dijo? - preguntó el sabio.

-Pues -dijo el rey Bobo-, pensé que no era necesario, que él comprendería. Pero, dígame, Rey Tonto ¿por qué me respondió: *'No tengo ninguna, pero si la tuviera.'..?*

-Pues yo quería decir que si la tuviera, tendría mucho gusto en dársela.

-¡Caramba! -dijo el rey Bobo.

-¡Uy, uy, uy! -dijo el rey Tonto.

Los dos reyes firmaron la paz y contrataron al sabio para que les diera lecciones de lectura y escritura. ¡Mucho las necesitaban!

Vocabulario/Vocabulary

Sustantivos/Nouns

la carta - letter
la espada - sword
lectura - reading
el mensaje - message

la escritura - writing
la guerra - war
el mango - handle
la respuesta - answer

Adjetivos/Adjectives

letrado - learned

sabio - wise

Verbos/Verbs

comprendería - would
   understand
dígame - tell me
enviar - send
dijo - said
leyó - read
matar - to kill
pelear - to fight
podían - could
respondió - answered
sabían - knew
se enojó - became angry
tuviera - had

consiguió - managed
diera - give
duró - lasted
escribió - wrote
firmar - to sign
mande - that s/he send
murieron - died
pensé - I thought
quería - wanted
reunir - get together
saltó - jumped
tendría - I would have

Otras expresiones/Other expressions

¡caramba! - heavens!
cualquier - any
dos veces - twice
le ruego - please
mucho las necesitaban -
   they surely needed

claro - of course
eso mismo - that's it
había una vez - once upon
   a time
o si no - if not
se pusieron a pelear -
   started to fight

THE TWO KINGS

Once upon a time, there were two very ignorant kings. They knew much about war but very little about reading and writing. Thus, one day, King Silly wrote to King Foolish:

'Please send me a sword with a gold handle, or else . . .'

When King Foolish read this message, he got mad and answered:

'I don't have any, but if I did . . .'

When King Silly read this answer, he was even angrier, and without thinking twice he declared war upon King Foolish. Thus, the two kings started to fight. The war lasted several months and many soldiers died. At long last, a wise and very learned man managed to get the two kings together to see if they could sign a peace treaty. First, he asked King Silly:

"What did you write to King Foolish?"

"To send me a sword with a gold handle, *or else...*'

"That's it, that's what he wrote to me," King Foolish exclaimed, as he angrily jumped to his feet. "*Or else*, of course, that he was planning to kill me!"

172

"That's not true! I wanted to say, "or else a sword with a handle of any other metal."

"Heavens! Why didn't you say so?" asked the wise man.

"Well, I thought that was not necessary, that he would understand. Tell me why you answered: *'I don't have any, but if I did..."*

"Well, I wanted to say, that *if I had one,* I would be pleased to give it to you."

"Heavens!" said King Silly.

"Wow!" said King Foolish.

The two kings made peace, and they hired the wise man to give them reading and writing lessons, which they surely needed!

Vocabulary/Vocabulario

Nouns/Sustantivos

answer - respuesta

letter - carta

reading - escritura

war - guerra

handle - mango

message - mensaje

sword - espada

writing - escritura

Adjectives/Adjetivos

learned - wise

wise - sabio

Verbs/Verbos

answered - respondió

could - podían

to fight - pelear

give - diera

kill - matar

lasted - duró

read - leyó

send - enviar

to sign - firmar

thought, I - pensé

would have - tendría

wrote - escribió

became angry - se enojó

died - murieron

get together - reunir

jumped - saltó

knew - sabían

managed - consiguió

said - dijo

that s/he send - envíe

tell me - dígame

wanted - quería

would understand -
comprendería

Other expressions/Otras expresiones

any - cualquier

if not - si no

once upon a time - había
una vez

that's it - eso mismo

they surely needed -
mucho las necesitaban

heavens! - caramba

of course - por supuesto

please - le ruego

started to fight - se
pusieron a pelear

twice - dos veces

Send for these books from
ALEGRIA HISPANA PUBLICATIONS
P.O. Box 3765, Ventura, Ca 93006
805/642-3969

Most books published by ALEGRIA HISPANA PUBLICATIONS are bilingual (Spanish-English). They are all nicely illustrated and have Spanish-English vocabularies. The stories are rich in Hispanic culture and are excellent tools for learning and/or teaching. For a brochure describing these books, please write or call us.

Aventuras Infantiles
Adventures for Kids
All ages.
ISBN-0-944356-04-0

Capullitos: Poemas y
Canciones Infantiles
(Spanish only, K-3)
ISBN-0944356-04-0

Cuentos Favoritos
Favorite Tales
All ages. ISBN-0-944356-01-X

Fantasía Bilingüe
Bilingual Fantasy
All ages. ISBN-0-944356-02-8

Cuentos Matemáticos
Math Tales
Math through stories
all ages
ISBN 0-944356-05-2

Adivinanzas, Fábulas y
Proverbios Populares/Popular
Riddles, Fables and Proverbs
all ages
ISBN 044356-06-0

Cuentos Para Todos
Tales for Everybody
Ages 10-up
ISBN - 0-944356-20-6

Cuentos de Muchos Mundos
Multicultural Stories
Ages K-12.
ISBN- 0-944356-19-2

Tesoro de Refranes Populares
A Treasure of Popular Proverbs
Illustrated and explained.
ISBN-0-944356-18-4

Tesoro de Poesía Juvenil
A Treasure of Poetry for
 Young People (Ages 10-18)
ISBN 0-944356-09-5

¡A Su Salud!
To Your Health!
Bilingual Cookbook
ISBN-0-9440356-17-6

Hispanos Notables
Outstanding Hispanics
Ages 14-up
ISBN-0-944356-11-7

Teatro Infantil Bilingüe
Bilingual Children's Theater
Ages 7 to 11

Teatro Juvenil Bilingüe
Bilingual Theater for Young
People. Ages 12 to 18.

Mitos Universales Fascinantes
Fascinanting Universal Myths
ISBN-0-944356-16-8

Plantas Alimenticias Americanas
American Food Plants
ISBN-0-944356-10-9

Maravillosos Juegos para
Aprender/Wonderful
Learning Games
ISBN-0-944356-12-5

Cuentos de Misterio
Tales of Mystery
Ages 14 up
ISBN-0-944356-18-4

CASSETTES

These casettes have been carefully recorded by Spanish and English native speakers. The special effects enhance the beauty of the readings and of the stories and are great companion for the books for which they were especially designed.

Cuentos Favoritos
Ten stories in Spanish $15.00

Fantasía Bilingüe
Ten stories in Spanish $15.00

Favorite Tales
Ten stories in English $15.00

Bilingual Fantasy
Ten stories in English $15.00

Aventuras Infantiles
Ten stories in Spanish $15.00

Adventures for Kids
Ten stories in English $15.00

MANUALS FOR TEACHERS

These three **bilingual manuals** make easier teh task of the teacher. They show how to use the stories as starters to teach different subjects such as social science, math, reading, writing, critical thinking, et.

Bilingual Fantasy/Fantasía Bilingüe
$15.00   ISBN 0-944356-25-7

Cuentos Favoritos/Favorite Tales
$15.00   ISBN 0-944356-26-5

Aventuras Infantiles/Adventures for Kids
$15.00   ISBN 0-944356-27-3